天下·文化
BELIEVE IN READING

跨海的守護者

新光醫院扎根帛琉醫療的故事

【全新增訂版】

李俊明 著

目錄

第四章　**守護下一代的健康**
182

序

台帛關係的新階段

帛琉共和國總統／湯米・雷蒙傑索二世（Tommy E. Remengesau, Jr.）

　　中華民國以及帛琉共和國，兩者都是被太平洋所環繞的島國，也皆以替人民謀求國家發展作為共同的信念與價值。自從兩國在一九九九年建立外交關係後，台灣與帛琉就展開各種雙邊合作計畫，從農業、漁業、教育、文化、觀光到人才交流、醫療照護等等，不一而足。

　　相對而言，帛琉尚屬新興國家，在很多環節還有改進空間，尤其是在醫療領域方面。中華民國在醫療範疇素來極為先進，足以協助帛琉改善醫療體系；在帛琉共和國與新光吳火獅紀念醫院之間所建立的合作，是奠基於建立一個健康國家的願景上所形成的夥伴關係。

　　這種夥伴關係可以回溯至二○○七年雙方首度簽訂備忘錄、建立醫療交流計畫起始；不過要到二○一三年，在我的執政推動下，帛琉共和國才開始將病患後送至新光醫院，成為轉診計畫一部分。

　　自此之後，新光醫院展現了絕佳的醫療照護水準，藉由符合成本效益、高品質的治療，讓帛琉病患在經歷如此的醫療交流後，都能心滿意足地返鄉。這種高素質的醫療照護，的確符合了我的主要期望，即確保每位帛琉國

民，不論是何種身分、地位或是收入水平，都能夠接受最佳醫療照護。我始終堅定相信，一個國家只有聚焦在人民健康上，才能真正富強康樂。

　　我個人曾經造訪過中華民國許多次，而我總是一再讚嘆著台灣優質醫療服務的先進，這種發展模式，也是我對帛琉未來的願景。

　　這些年來，許多帛琉國民已接受過新光醫院以最新醫療技術所施行的高水準照護，而健康醫療，也將永遠被我列為施政的首要優先項目之一；來自帛琉人民的強烈支持，以及兩國之間所建立的夥伴關係將會更進一步，持續提供帛琉國民需要的高品質醫療照護與服務。

　　放眼未來，還有很多可能性，我預見台帛雙邊關係，以及新光醫療計畫與帛琉衛生部的夥伴關係，都會有更進一步的增長，共同改善帛琉人民的健康照護服務。

　　我滿懷期待，未來我們兩國的合作，可以更加鞏固、增強。

醫療創新域，外交創新局

中華民國前外交部部長／**程建人**

　　在南太平洋浩瀚無垠的海上，有一個自然景色極其美麗的島嶼國家，它叫帛琉。那裡有從台灣前往的一群人，默默地在為當地人民作出不同的貢獻。其中有一些是醫療專業人員，他們秉持著濟世救人的情懷，為帛琉人民的健康福祉，熱忱奉獻，他們是台北新光醫院的醫師和護理人員，在新光醫院院本部的策劃下，為我國醫療援外的工作上，創造了一個動人的範例。的確，他們是跨海的守護者，守護著中華民國與帛琉間的邦誼，更守護著救人無私、愛人如己的崇高信念。

　　帛琉原本是當地或附近島嶼土著居住的世外桃源，但自十八世紀以來，歷經西班牙、德國、日本，以及美國的殖民統治或託管，一直到一九九四年十月一日，方才正式獨立。帛琉由於主客觀條件的限制，若干發展，難免也落在世界潮流之後，包括醫療設施在內。

　　我國與帛琉接觸甚早，我國漁船很早就到當地海域捕魚，也有若干華人移居帛琉。一九八四年，我國與帛琉簽署了「技術合作協定」，隨即派遣農技團前往協助帛琉發展農業及漁畜養殖。帛琉獨立前後，雙方朝野交往益趨

頻繁，前往帛琉觀光國人不斷增加，投資也節節上升。一九九九年十二月初，雙方簽訂了空運協定。十二月下旬，在我擔任外交部長時，前往帛琉訪問，與當時帛琉總統中村國雄就兩國建交事，作最後談判，並達成協議，十二月二十九日簽署了建交公報，帛琉成為中華民國在全球地理上距離最近的邦交國，雙方各項合作關係，也進入一個新的階段。

二○○○年三月，我率領訪問團再訪帛琉，團員中包括當時中華民國醫務管理學會理事長張錦文等醫界人士在內。訪問期間，除曾參訪帛琉國立醫院、特殊教育等機構之外，並曾與帛琉醫療及教育主管部門就我方所能提供的協助交換意見。帛琉方面認為我國醫療水準極高，亟盼我國能協助帛國醫療設施以及代訓相關醫事人員，且同意與我方作成備忘錄並據以推動各項交流計畫。這也開啟了兩國醫療合作的努力。

在我國多年對外援助中，醫療援助一直是重要項目之一。早年多由政府安排、或派遣醫療團隊前往、或提供經費器材、或協助訓練人員、或協建醫院等。隨著國內外環境及需求的改變，我援助的內涵及方式，亦在不斷調整。

近年來，政府進一步擴大參與層面，善納資源，結合國內各大醫療院所及民間非政府團體，推動我與邦交國及友我國家間的醫療衛生合作。

新光醫院即為主要參與的重要醫院之一。新光集團在吳東進董事長的主持下，數十年來曾以投資、捐助、醫療等不同方式協助及配合政府，拓展外交，貢獻良多。二〇〇九年馬英九總統出訪尼加拉瓜時，新光關係機構又再捐贈尼加拉瓜救護車，以支援當地衛生醫療需求。而在推動與帛琉的醫療合作上，亦復如此。

二〇〇七年，在我駐帛琉大使李世明的聯繫下，新光開始派遣醫師及護理師常駐帛琉，並與帛琉國立醫院簽訂備忘錄並締結為姊妹院。二〇一四年，進一步建立與帛琉間的國際轉診安排。除此之外，新光更超越一般醫療，進而關懷帛琉人民長期健康，協助帛琉改善當地民眾的食物與營養，換言之，新光不僅為這一代的帛琉人民的醫療作出直接貢獻，也為帛琉人民的未來，用心規劃耕耘。

帛琉國家雖然不大，但是，新光醫院在與帛琉醫療的合作上，無論是觀

念、態度、策劃、執行，都有創新的做法，而新光醫院從上到下所展現的熱忱、愛心、專業、投入，更是令人感佩。現在由天下文化將這一難得可貴的經驗，整理成專書予以付梓，非但可以將這一有意義的故事，作一詳盡的記錄，提供各界參考，更能啟發未來我國在國際事務上有更務實、更有效的做法，也有更長遠、更廣闊的思考。我樂於應邀作序。

序

為國際醫療援外服務寫下新頁

新光醫院榮譽院長／洪啟仁

　　台灣的外交困境與國際處境的艱難，反映在拓展醫療援外工作上，台灣醫療人員一直都扮演著極重要的角色，不僅協助政府，也以醫療專業於國際衛生舞台上，贏得世人尊重。一九八〇至一九九〇年間，我曾參與沙國醫療外交工作，當時台灣的醫療技術，不僅獲得國人信賴，更是載譽海外，並以團隊力量滿足了友邦期待，此一難得的服務經驗，仍然歷歷在目。

　　擔任新光醫院院長期間，秉持著以病人為中心、以優質醫療服務回饋社會、培育優秀專業人才及創新醫學研究等宗旨，提供社會大眾優質的醫療服務品質。為了提升院內醫療水準，每年均舉辦各式研討會，積極與國外醫療機構交流合作，期與國際醫療發展趨勢接軌。當站穩腳步後，我不斷思考，新光醫院還可以做什麼？正如我曾參與的沙國醫療外交工作，走出台灣、回饋國際社會，是一個不容易，但必須做的選項，也因此展開了與帛琉的合作。

　　新光醫院與帛琉原本即有淵源，帛琉總統伉儷、政府官員及民間人士曾多次前來院內接受健康檢查，多少促成了新光醫院與帛琉國家醫院在二〇〇七年締結為姊妹院。之後，考慮帛琉重大傷病患者亟需醫療協助，我責成院

內自行負擔費用，每月固定派駐急診專科醫師與護理師，前往帛琉國家醫院服務，同時代為訓練帛琉醫事人員。直到二〇〇八年，雙方簽署醫療轉診協定，由新光醫院提供帛琉病患來台後醫療服務，雙方關係又邁入一個新階段；接著由侯勝茂院長繼續建立轉診制度，於帛琉深耕衛生教育，進而在國家醫院成立營養教室等，為帛琉人民健康把關。

雖然帛琉過去與菲律賓簽訂轉診合約，且台灣飛到帛琉的航程較菲律賓遠，但由於兩國因之前合作所建立彼此的信賴與重視下，仍促成了這項難能可貴的國際合作，使台灣成為帛琉人民海外就醫首選。醫療行動原本就超越國界與種族，也不受時間與空間所限制，台帛的醫療合作案，讓新光醫院懷抱救人使命的醫師傳承「異域行醫」另一層面的時代意義。

本書細述了新光醫院推動國際醫療外交的來龍去脈與成果，未來希望藉由本書號召更多醫療人員，投入這項具有意義不凡的醫療援外活動，於國際醫療援外服務寫下新頁。

洪啟仁

前 言

你所不知道的帛琉

一般台灣人的認知中，

帛琉，是一個充滿碧海藍天的渡假天堂。

但是對另外一些台灣人來說，

帛琉的特殊環境與需求，促使他們到這裡來開疆闢土。

因此你可以看到，帛琉處處有著台灣的身影。

飛機在夜晚的星空間，緩緩下降，整個客艙一片寂靜。乘客收起餐桌，豎直椅背，連孩子也停止哭鬧，屏息等待飛機降落的一剎那。

從機艙的小小窗戶望出去，見不著星羅棋布的珊瑚礁島，也看不到回返台灣時常見的璀璨萬家燈火，華航七三八－八〇〇客機，乘載幾乎滿座的一百八十多人，低調地滑進科羅國際機場（Koror Airport），把人們從東亞的台北，帶到太平洋另一端的帛琉。

兼容現代與傳統是帛琉的特色，正如總統府旁，同時並立著傳統建築。

　　整個停機坪上，沒有其他大型客機，兩層樓的航廈，只有一條空橋還有人影晃動。步出機艙，這座非密閉式的空橋，讓人馬上感受到帛琉的溫度，暖暖的微風，帶點微微濕潤，瀰漫著熱帶島國的氣息。

　　車子在帛琉公路飛快奔馳，很快地，你會發現，路旁看板，不時看到中華民國的青天白日國旗。台灣自一九九九年底與帛琉建交以來，以貸款、捐贈的方式，協助帛琉修造了不少公路，串連起主要島嶼間的交通。

台灣人在帛琉

　　車子駛近帛琉美麗丘（Melekeok），新建首都的宏偉殿堂前方，立起了一座紀念碑，上面並列帛琉與中華民國國旗，一旁題著「友誼長存」四字。這座號稱「小白宮」、二〇〇六年落成的總統府，也是由台灣提供貸款建成。

　　駐足帛琉期間，你在帛琉國家水族館、帛琉國家博物館、帛琉國家醫院，都可以看到類似情形。來自台灣的捐贈與贊助，以各種形式輪番出現。

　　不過，對台灣遊客來說，最有感的，可能要數觀光酒店了。在帛琉，除了帛琉泛太平洋酒店（Palau Pacific Resort）為日資經營之外，其他比較知名的幾家高檔觀光旅館，包括：帛琉大飯店（Palasia Hotel Palau）、帛琉老

帛琉比較知名的觀光旅館，像是帛琉老爺大酒店（Palau Royal Resort），就是由老爺酒店集團總裁林清波所投資。

爺大酒店（Palau Royal Resort）、日暉帛琉國際度假村（Papago International Resort）、帛琉愛來渡假會館（Airai Water Paradise Hotel & Spa）等，都由台灣人所投資。

但台灣人在帛琉的足跡，只有表面上看到的這些嗎？其實不然。

農業與水產技術交流，還有國家醫療合作，同樣也為台帛之間，築起了更強而有力的連結。

默默耕耘三十年

場景轉到帛琉大島——愛蜜麗州（Aimeliik），這裡有一座台帛合作的示範農場，廣達十公頃的土地上，栽種著各種蔬果與農作物。這裡墾殖的許多作物當中，火龍果算是十分出名的一種，因為它上市時，曾經引起搶購，帛琉人為了爭買台灣技術團所培育的火龍果，還打起架來，一時傳為趣談。

不只火龍果，這裡出產的芋頭，在帛琉更有舉足輕重的地位。走在開闊的示範農場田埂間，財團法人國際合作發展基金會（以下簡稱國合會）的中華民國駐帛琉技術團（Taiwan Technical Mission in the Republic of Palau）前團長孫國祥，娓娓道來台灣人這三十年在這片土地耕耘的種種。

一九八五年，技術團在還被稱為農技團時，就已經到帛琉進行交流。

孫國祥身為帛琉技術團第七任團長，之前曾到世界各地服務，帛琉是他走過的第四十五個國家，也是讓人最難尋求農業發展的一個國家。

現在技術團所開墾的農場，之前美國與日本都經營過，卻相繼失敗。因此帛琉人認為，如果台灣可以搞定這塊地，帛琉的農業也就可以發展。

　　這塊地之所以難耕作，有幾個原因：首先，為了保護環境，帛琉很早就禁用農藥跟化肥，因此耕作不易；其次，島上大多是黏性很重的黏土，非常不利於耕種；加上同一塊農地裡，常混有多種性質不同的土壤，處理起來非常困難，對於農業專家來說是個大考驗。

打造有機無毒農場

　　「真的要感謝三十年來，許多專家、技師與團長，打下很好的基礎，」孫國祥說，「以現今大家重視食安的程度來看，三十年前的帛琉，已經朝向有機、無害農業發展，成為很特殊的典型。從這個角度來看，帛琉技術團足

台灣技術團前團長孫國祥（中）帶著團員，將美國人與日本人眼中難以經營的農地，打造成芋頭種苗存活率高達九成的示範農場。

足比別人早發展了三十年，可以被視為是最好的技術團。」

為了朝向無毒發展，農場內的堆肥場有大量割除的雜草、樹葉、樹幹與作物枝條，這些原料被絞碎後，製成堆肥，再循環、再利用，幾個月後，就成為天然肥料。另外，技術團也利用培養土、堆肥、帛琉當地表層土各三分之一的比例，混合出適合耕植的土壤。

孫國祥解釋，目前示範農場的發展重點，是培育芋頭與芋頭種苗。

我們提供帛琉全國全年所需，百分之五十到六十的芋頭種苗用量，而且栽種的存活率，高達九成到九成五。我常說，如果技術團從帛琉農場撤離，帛琉農業勢必走向衰微，因為如此高比例的

台灣技術團所栽種的水果，看起來新鮮誘人，尤其是火龍果特別受到歡迎，一上市就讓帛琉人爭相搶購。

{ 芋頭種苗，都是由台灣的技術團示範農場產出。

芋頭與土地，對帛琉人來說是非常重要的兩件事。

芋頭代表帛琉文化

芋頭在帛琉人的生活中，具有很神聖的地位，不論婚喪喜慶，一定會出現在聚會中。

孫國祥剛到帛琉時，曾經向一位婆婆學過種植芋頭的技巧，因為她的芋頭品質非常好。

這位婆婆的女兒不喜歡農業，所以她不將技術傳給女兒；孫女雖然喜歡

台灣技術團在帛琉的實驗農場，克服了農地難以耕作的問題，成為帛琉重要作物芋頭種苗最重要的提供者。

耕作，卻嫁給了美國人，在家傳技巧不外流的想法下，她也不教給孫女。從這裡，可以看到帛琉面對社會轉型所潛藏的問題。

孫國祥發現，這位婆婆會帶著芋頭去參加很多傳統禮俗活動，因此在她過世前，曾問她，稻米的價格比較便宜，也比較好保存與烹煮，為什麼沒想過把芋頭換成米？她堅定地回答，把芋頭換成米，就像要帛琉更改國名一樣；除非帛琉改名，她才可能把芋頭換成米。

在轉型中與土地疏離

帛琉的社會發展過程，跟台灣十分類似，為了維持生計，原本以漁業與觀光業為主的社會，在發展觀光休閒產業的過程中，年輕人離鄉背井，到都市尋求更好的生活，農地因此廢耕。

但土地在帛琉始終有著神聖的地位，也被視為財富與權力的象徵，因此老一輩帛琉人十分珍惜，不希望年輕一輩在土地上胡作非為，即使不再耕種，也不願輕易讓年輕人接手，年輕一代只有等到長輩離世，才可能接手土地。也因為這樣長期的疏離，造成帛琉土地與農事的荒廢。

校園「營養午餐」計畫開跑

除了培育芋頭種苗，台灣駐帛琉技術團的技師，未來還有一個新任務：為帛琉的小學學童供應營養午餐的蔬菜。

走在示範農場的菜園中，孫國祥提到茄子、秋葵、空心菜、皇宮菜、南

瓜、冬瓜等，都是預備要栽植的蔬果，除了搭配營養師設計的菜單，還要考量當地學童接受的程度，技術團則斟酌選擇能夠計畫生產、產量也可以預估的蔬果品類來栽植。

在台灣人初至帛琉三十年後的今日，校園「營養午餐」這由國合會、外交部、新光醫院三方攜手合作的實驗計畫，為什麼會在帛琉落地生根？

故事的緣起，就要再回到台灣與帛琉的國際醫療合作。

帛 琉 小 檔 案

全名：帛琉共和國（Republic of Palau）

國家組成：由八個主要島嶼及約三百四十個火山岩小島組成，全國分為十六個州

人口：約兩萬人，其中約有五千人為菲律賓等外來人口

最大的都市：科羅（Koror），全國三分之二人口聚集在此

陸地總面積：約四百八十七平方公里

氣候：四季如夏，年均溫為攝氏二十九度，雨季分佈在七～九月

地理特色：帛琉大部分島嶼都被熱帶雨林覆蓋，同時有紅樹林與熱帶草原景觀。最高點為納格其治司峰（Mt. Ngerchelchuus），高度為海拔兩百四十二公尺

潛水天堂：帛琉海域有一千五百種熱帶魚、七百多種珊瑚，洛克群島更是世界級的潛水場地。帛琉政府相當重視生態保護，七十島（Seventy Islands，報章雜誌、明信片等經常使用其空拍圖作為帛琉代表）在一九五六年被劃作國家生態保護公園，禁止民眾隨意進入。其他像無毒的水母湖、牛奶湖、星象島等都是知名生態景點

年均國民所得：約七千一百美元

官方語言：英語和帛琉語

主要經濟：漁業、旅遊業

簡史：帛琉群島在十八世紀曾由西班牙人統治，一八九九年由西班牙售予德國，第一次世界大戰後由日本託管，一九四七年由聯合國授權美國託管，一九九四年十月一日正式獨立

二〇〇六年落成、有「小白宮」之稱的新都總統府，象徵台帛「友誼長存」。▶

Friendship Forever

友誼長存

中華民國總統馬英九題

President Ma Ying-jeou
Republic of China

July 2014

PALAU NATIONAL CAPITAL
CONSTRUCTED THROUGH GRANTS
AND LOANS FROM

THE REPUBLIC OF CHINA

CONSTRUCTED
OCTOBER 1999 ~ OCTOBER 2006

第一章

不一樣的台帛醫療外交

{ 在很多重要領域裡，中華民國都是帛琉的夥伴，
彼此政府間也擁有堅定的關係，像是醫療合作與生態觀光等。
在與中華民國的種種關係裡，
與新光醫院成為極好的醫療合作夥伴，
這是我們最好的決策之一。

—— 帛琉共和國總統 湯米‧雷蒙傑索二世（Tommy E. Remengesau, Jr.）

跨　國　連　線

光無所不在，心與你同在

Ubiquitous light , all-embracing heart.
Our light and heart are always with you.

新光醫院與帛琉醫療的合作，
將啟發未來我國在國際事務上有更務實、更有效的做法，
也有更長遠、更廣闊的思考。

—— 中華民國前外交部部長　程建人

　　帛琉，對多數國人而言，是一個渡假潛水勝地，但對新光而言，是一項義不容辭的付出。

　　道義上不容許推辭的想法，讓新光集團董事長吳東進數十年來以民間之力，配合政府拓展國民外交不遺餘力，也見證了我國外交方向從農業外交到醫療外交的轉變。除了推動對日本、中南美洲經貿關係及國際人道援助事務，新光醫院與帛琉長年的醫療合作，更是開創了國際醫療合作與醫療外交

新光醫院與帛琉簽訂轉診協議，象徵醫療外交新時代由此開始。（左起：中華民國前駐帛琉大使李世明、帛琉前衛生部長維克多‧亞諾（Victor Yano）、帛琉總統雷蒙傑索、新光醫院董事長吳東進、中華民國前衛生署副署長宋晏仁、新光醫院榮譽院長洪啟仁）

的新局。

　　關於一家醫院如何影響了一個國家，故事要從一九九○年開始說起。

　　當時台灣與尼加拉瓜剛復交不久，在時任外交部次長程建人邀約下，吳東進、林隆士與林清波等企業家，一同訪問了中南美洲，隨後，吳東進等決定以投資等不同方式，具體支持與響應政府推動外交工作，也曾因此獲得友邦頒授勳章與外交部授與無任所大使的殊榮。

新光關係機構董事長吳東進長期對醫療與外交素有貢獻,曾獲友邦頒贈勳章殊榮,因此對推動台帛醫療外交不遺餘力。

中華民國與帛琉在一九九九年建交後曾大力多方援助帛琉，至二〇〇七年第二任駐帛琉大使李世明認為：藉由國際醫療合作方式，提升友邦醫療品質，應可以進一步加強台灣與帛琉的外交關係。因此，在李世明的居中牽線下，新光醫院配合我國「衛生醫療援外」政策，與帛琉當局簽訂備忘錄（Memorandum of Understanding，MOU），自此便與帛琉陸續展開國際醫療合作計畫，開啟了兩國醫療援助的里程碑。

李世明後來升任外交部亞太司司長，任上也援此模式提出「一國一醫院」的政策：每一個邦交國都由一所大型醫院，直接以醫療外交的方式來照顧友邦人民的健康。可謂開風氣之先，成效有目共睹。

幫助友邦一同前進

回首這段歷程，新光醫院院長侯勝茂認為現在正是沉澱、爬梳整理的好時機，一方面回顧過去，另一方面，也可以檢視新光醫院與帛琉雙方攜手努力的豐碩成果，藉此策勵未來努力的方向。

回憶起這一段緣分，侯勝茂的感觸比別人深，他跟帛琉的接觸，早在擔任衛生署長時就已開始。

二〇〇六年，台灣在帛琉召開第一屆太平洋衛生論壇，由時任衛生署長的侯勝茂主持衛生醫療合作會議，會議中，邀請了吉里巴斯共和國、馬紹爾群島共和國、諾魯共和國、帛琉共和國、索羅門群島，以及吐瓦魯等國衛生部長共襄盛舉，「那時候，台灣就很願意幫助我們的邦交國，在衛生議題上一同前進。因此，前後我總共去了帛琉四次，而且每次都是因公前往。我對

這個國家不但接觸得早，也很熟悉。」

那時台灣的二十三個邦交國，大概分布於三個區塊：非洲、太平洋以及中南美洲。他觀察到，帛琉所處的太平洋島群有一個共同特性，「它們都是面積很小的島國，散布在廣闊的海域，因此建置健康醫療設施非常困難。」基於這個共同困境，第一屆太平洋衛生論壇召開之後，隔年又在馬紹爾群島召開了第二屆太平洋衛生論壇，各國衛生部長也都建立了良好的互動與關係。

面對國際現實，台灣有台灣的困難，太平洋島國也有自己的煩惱。

台灣的困難，在於無法加入世界衛生組織（WHO）等重要機構，

新光醫院決定協助政府推行醫療外交時，派出考察團前往帛琉了解實地情況，並在四個月內正式派出醫護人員前往進駐。（站者左六：中華民國前駐帛琉大使李世明；站者右六：帛琉前衛生部長亞諾）

無法在重大衛生議題上與先進各國同進退；而帛琉的頭痛議題，則是民眾醫療始終十分不便。

後來我從衛生署長一職卸任，回到台大校園，沒想到又因緣際會來到新光醫院擔任院長。一上任，我就想起之前與帛琉交流的經驗，直覺可以再進行合作，因此第二年，我就親自到帛琉與帛琉國家醫院簽訂合作備忘錄。

全面規劃醫療服務

二○○七年，為了配合政府推動醫療外交政策，新光醫院在當時的院

新光醫院與帛琉國家醫院成為姊妹醫院，為台帛合作的新開始。（左五：帛琉前衛生部長亞諾；左六：帛琉總統雷蒙傑索；右四：新光醫院前副院長張珩；右二：中華民國前駐帛琉大使李世明）

長洪啟仁領導下，由時任行政副院長張珩籌組任務小組，派員至帛琉實地考
察。從第一次參訪確認需求，到正式派駐急診科醫師及護理人員，前後只
花了四個月，之後更在不到一年的時間裡，與帛琉國家醫院（Belau National
Hospital）締結為姊妹醫院。剛開始，新光醫院多是派駐急診室醫師到帛琉
協助，但這樣只能服務少數人，帛琉的衛生醫療問題仍是千頭萬緒。

　　二〇一〇年，侯勝茂接任新光醫院院長，他運籌策劃，認為與帛琉的合
作應作長期規劃，為雙方帶來更長遠的影響與價值。於是，在侯勝茂的指示
以及醫療副院長楊國卿、家醫科主任陳仲達的悉心規劃下，新光醫院特別成立
新光醫院與帛琉國際醫療合作推動小組（Shin Kong Medical Assistance Program

新光醫院在二〇一一年與帛琉衛生部簽定雙方合作備忘錄，向國際醫療服務的願景邁進一大步。

to Palau，以下簡稱 SKMP 小組）專責處理相關事務，雙方簽訂醫療轉診計畫協定，新光醫院正式成為帛琉的後送轉診醫院。

從二〇〇七年至二〇一一年期間，新光醫院出錢、出力，在帛琉展開一系列的醫療協助方案，逐步地投入各項人力、物力，派遣醫護人力駐診，除了解決立即性的醫療需求、代訓帛琉當地醫護人員、成立營養衛教室、教育健康飲食觀念之外，也建置了「醫療雲」，用以傳送與備份當地民眾醫療資料，提供持續且全面的服務。

多交一個朋友，多一份力量

從「被動」等待病患到「主動」追蹤轉診病患，提供回診服務，帛琉民眾也感受到了新光醫院的用心，近年轉診至新光醫院治療的人數迅速成長，目前突破每年三百多人次，新光醫院更是帛琉民眾口耳相傳的醫療首選，已然成為台灣拓展醫療外交最驕傲的成果之一，追根究柢，「誠意」與「同理心」是合作成功的關鍵。

侯勝茂談及為帛琉病人設身處地著想，「我們總是想像，當帛琉人民帶著病痛來到異鄉，人生地不熟的，內心肯定十分無助，這樣一來，自然可以把服務做得更好。」

帛琉人口只有兩萬多人，可能比台北市區一個里的人數還少，因此在當地投入大量資源培育醫護人員、建立完善醫療系統有一定的難度。在必須仰賴外來幫助的狀況下，如果遇到像新光醫院這樣願意以誠相待的夥伴，就能建立起長期而穩定的關係。

於此，侯勝茂表示：

> 有急需時，能伸出援手、雪中送炭，才是真正的好朋友，因此帛琉民眾對新光醫院的鼎力相助，十分有感。
>
> 去年帛琉唯一一位骨科醫師要休假，全島找不到人可以代替他，新光醫院馬上派遣主治醫師前往支援；婦產科的醫師人力短缺，我們也立刻馳援達三個月之久，讓帛琉產婦無後顧之憂。友情與互信，就這樣點點滴滴地建立起來。我相信，我們多交一個朋友，就可以為台灣在國際外交上爭取多一次發聲機會，這也是另外一種收穫，間接肯定了台灣的醫療軟實力。
>
> 我深深覺得，台灣兩千三百萬國民，無論扮演什麼角色，對於改善我們的外交處境，能做多少就應該做多少，這是大家的事情，新光醫院恰好有這樣的機緣協助台灣的邦交國，無形中，對台灣外交有很大的幫助。因此不只我很高興地投入，新光醫院的同仁也無怨無悔地盡自己的力量。

國際醫療合作的獨特案例

細數新光醫院近十年來，針對帛琉所進行的醫療協助，從最初單純派遣醫師、護理師駐診、二〇一三年五月開始發展轉診業務、二〇一四年成立帛琉SKMP營養衛教室，再至二〇一五年進入帛琉公立小學進行營養教育課程，歷經了相當多元的發展。

雙方攜手所開創的許多紀錄，未來都可能成為國際醫療合作的獨特案

例。而這些成果,侯勝茂歸功於新光醫院所有人的努力,「院內同仁並沒有排斥這些新服務,反而是大家步伐一致,不斷追求進步,讓服務更優化,像是最近還開辦了機場接送的新服務,讓轉診病人到新光醫院的交通能更順暢,這就是新光健康管理公司洪子仁總經理主動洽談的成果。」

　　管理的彈性、決心與願景,讓整個醫院團隊有效率地執行各項計畫,最終產生豐碩成果。有鑑於科技日新月異,新光醫院規劃未來將透過視訊、遠距會診、遠距醫療、醫療雲方式,提供帛琉人民更即時迅速之跨國醫療服務。

　　從新光醫院耕耘醫療外交多年有成,也代表著台灣的醫療軟實力,已足以跨越國界限制,在國際間占有一席之地。

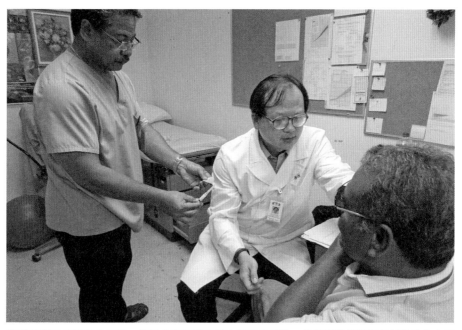

新光醫院在帛琉有急需時,總是立刻派遣醫護人員前往協助,像骨科醫師廖振焜就曾前往支援多次,雙方友誼也因此逐漸建立起來。

一家醫院與一個國家的
兄弟情誼

新光醫院與帛琉的合作不僅限於醫療層面，
二〇一五年還開始邁向新的合作領域——帛琉的海洋保育法案，
新光醫院成為第一個投入與支持此計畫的民間單位。

　　二〇一五年十一月，新光醫院院長侯勝茂率領醫療團隊前往帛琉，這是他第五次造訪這個被稱為「撒落在南太平洋的珍珠」的島國，不同的是，這趟千里跨海之行，他不僅身負守護當地民眾健康的任務，還要將這份心意延伸至帛琉的重要經濟命脈之一——海洋資源保育。

　　新光醫院多年來積極配合政府醫療外交政策，持續推動一連串行動計畫，與帛琉的合作成效，備受帛琉政府及我駐帛琉大使館肯定。而此趟行程，

新光醫院以友邦的需求為考量，在帛琉的需求中，看見自己的責任。（左起：新光醫院醫學美容主任唐豪悅、時任中華民國駐帛琉大使曾厚仁、帛琉總統雷蒙傑索、新光醫院院長侯勝茂、時任帛琉衛生部長格雷戈里奧・倪爾莽（Gregorio Ngirmang）、新光健康管理總經理洪子仁）

讓雙方合作的議題，擴散到更全面的領域，也將雙方關係推展到新的高度。

　　侯勝茂談及此趟行程規劃，一方面，新光行動醫療團每年都固定前往帛琉看診，這次也循此傳統，繼續提供優質的醫療服務給帛琉民眾。

　　另一方面，院方長期觀察帛琉民眾的生活與飲食習慣，發現他們容易產生心臟與營養問題，而心臟內科、神經外科與骨科，更是他們最常被轉診到台灣的三個科別。

　　為此，新光醫院準備了最新型的移動式彩色超音波檢查儀、電燒刀予帛琉國家醫院：

> 這次，我來帛琉的目的是要捐贈兩台機器：一台是彩色、輕巧、
> 移動式可以用來檢查心臟的超音波檢查儀，因為我們發現心臟問
> 題是帛琉民眾轉診來新光醫院的主要原因，因此，我們想要強化
> 心臟手術的治療效果；第二個則是電燒刀，這能加速手術的效能。

響應「青年之年」健康議題

　　心臟超音波儀可以發現早期心臟問題，特別是風濕性心臟病，因此對於

考量帛琉人容易產生心血管疾病，新光醫院捐贈的移動式超音波檢查儀，可以更有效治療當地人及離島居民的心臟疾病問題。

提高帛琉民眾的平均壽命有直接幫助。

此舉剛好呼應了帛琉總統湯米‧雷蒙傑索二世（Tommy E. Remengesau, Jr.）推動的「青年之年」倡議，以「提升青年健康」為目標，雙方建立深刻的合作關係。移動式超音波檢查儀以及其他醫療設備，不僅能提供帛琉青少年早期心臟病診斷，也可提升帛琉人民的健康。

「醫療儀器的捐贈，將有效地協助帛琉國家醫院提升設備；醫療的援助更能長遠地促進全體帛琉民眾的福祉，」雷蒙傑索談到，他非常感謝新光醫院的用心與捐贈，「希望新光醫院能繼續提供不只是優質的醫療儀器與服務，也能與帛琉衛生部一起提升帛琉醫療人力素質。而帛琉國家醫院如果能有更多新光吳火獅紀念醫院的醫師駐診，相信也可嘉惠更多中文觀光客。」

建立下一代健康防護網

針對帛琉下一代的健康，新光醫院原本即有針對帛琉的國際營養校園計畫，在校園內向學童推廣健康飲食觀念，除了延續此計畫，也將推行學童家長健康飲食及營養計畫。下一步，新光醫院會鎖定對象至學齡期兒童，進行長期健康照護規劃。

接下來的目標，是希望能降低嬰幼兒的死亡率，為帛琉的下一代，建立一個完整的健康防護網。

董事長吳東進為了繼續深化、支持兩國的醫療合作計畫，新光醫院特地捐助了五萬美金，除了直接挹注當地醫事人員的養成費用，未來還計劃改善帛琉國民的飲食習慣、提升學童健康，結合中華民國駐帛琉技術團的寶貴經

驗,持續在米雍斯小學(Meynus Elementary School)等推動「校園計畫」,希望讓學童吃得更健康,並將攝食營養、健康飲食的觀念,深植在每一個帛琉家庭裡。

從醫療外交到海洋保育

新光醫院與帛琉的合作不僅限於醫療層面,今年度還將開始邁向新的合作領域──帛琉的海洋保育法案,新光醫院成為第一個投入與支持此計畫的民間單位。

這一天是帛琉政府二〇一五年年度模範公務員表揚日(Annual Employee Appreciation Day),也是該國政府年度盛事,每年都選在感恩節後上班的第一天,由總統召集政府各級公職人員集會,藉此表揚年度模範公務員。

不一樣的是,新光醫院院長侯勝茂被邀請上台演講。他在演講中宣布,新光醫院將響應帛琉的海洋資源保育政策,共同投入海洋保育的國際議題。

環境保育沒有國界

對於新光醫院能以民間友人(非政府組織,Non-Governmental Organization,NGO)的身分,率先響應他與帛琉對於海洋資源保育的決心,帛琉總統雷蒙傑索也非常感動。帛琉向來重視自然保育,以觀光為經濟命脈的帛琉,觀光業占國內生產毛額八成五,目前一年觀光人數約十六萬,其中七成是為了潛水,也因此海洋資源對帛琉來說格外重要。

雷蒙傑索表示,帛琉以前就是「密克羅尼西亞挑戰計畫」(the

Micronesia Challenge）的創始成員之一，「密克羅尼西亞挑戰計畫」是一個西太平洋區域的跨國性倡議，致力於更有效地保育海洋與森林資源。

　　二〇〇五年十一月五日，雷蒙傑索呼籲同伴們加入此一組織，預期在二〇二〇年前完成百分之三十沿海保育與百分之二十森林地保育。

　　除了帛琉以外，密克羅尼西亞聯邦（Federated States of Micronesia）、馬紹爾群島（Marshall Islands）、關島（the U.S. territories of Guam）、北馬里亞納群島（the U.S. territories of the Northern Mariana Islands）等也加入此倡議，上述這些國家總共占有約整個太平洋地區，將近百分之五的海域與百分之七的海岸線。

新光醫院正於帛琉國家小學推行營養衛教計畫，未來將進一步將衛教範圍擴大至學生家長，讓健康概念可以深植於帛琉家庭裡。

無汙染的海洋資源是帛琉最可貴的珍寶。

兄弟般深厚情誼

對於台灣協助帛琉海洋保育法案，並於此後成為帛琉非常重要的夥伴，雷蒙傑索在接待新光代表團時，表達了他的謝意：

> 這個法案將百分之八十（約五十萬平方公里）的帛琉海域劃作海洋保護區，全面禁止任何開採活動（如捕魚或採礦），是全球第六大的海洋保護區。我們認為通過這個法案，對帛琉政府來說是非常重要的事，而新光吳火獅紀念醫院的捐助不僅正是時候，毫無疑問地更是對我們提供了強力的支持。
>
> 在很多重要領域裡，中華民國都是帛琉的夥伴，彼此政府間也擁有堅定的關係，像是醫療合作與生態觀光等。在與中華民國的種種關係裡，與新光醫院成為極好的醫療合作夥伴，這是我們最好的決策之一。每年有超過百位以上之病患送到新光醫院接受即時的、專業的高品質醫療照護。帛琉與新光醫院之夥伴關係受到全國人民的好評，我們竭誠希望能保持此一緊密合作關係，並且在各方面都持續改善與加強合作關係。
>
> 簡而言之，我們非常感謝新光吳火獅紀念醫院之支持，並期待帛琉國家醫院與新光吳火獅紀念醫院更進一步之姊妹合作關係。

雷蒙傑索同時對新光代表團表示，台帛邦誼已昇華至手足情誼（brotherhood）而更像家人（family）。這也說明了這群跨海而來、守護帛琉民眾健康的台灣人，已為台帛兩國醫療邦交開創出新局。

光無所不在，心與你同在
Ubiquitous light , all-embracing heart.
Our light and heart are always with you.

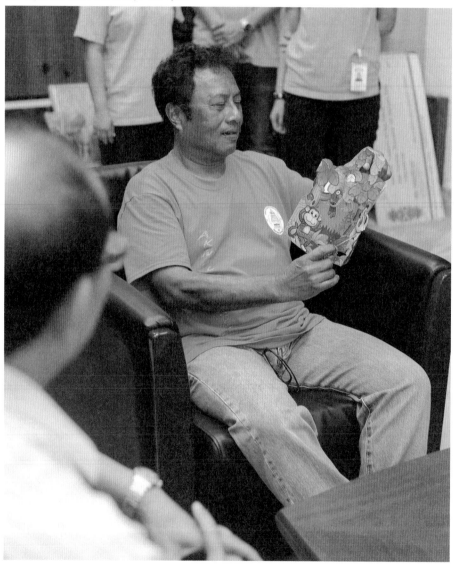

雷蒙傑索總統手上的新光猴年燈籠，綻放光芒，燈光也像新光醫院的愛，照亮了帛琉。

　　由於我國的特殊處境，外交在運用上必須更靈活。以往國際援助或醫療
合作，可能是一方給予，一方接受，但現在會思考得更多，例如我們提供的
是不是對方真正需要的？而雙方除了實質援助外，要如何維繫長久的關係？

　　侯勝茂分析，擴大雙方的合作內涵，成為兩國共同關心的議題，藉著國
際媒體的報導，讓全世界都看得見兩國的友好關係，不失為一個開創外交新
局的方式。

　　正如同時任中華民國駐帛琉大使曾厚仁所說，新光醫院此行此舉已為兩
地人民，牽起了兄弟般的深厚情誼。

新光醫院於帛琉推廣的醫療合作頗受好評，引起當地媒體廣泛報導，同時也應邀上電視節目宣
導公衛觀念。

政　府　觀　點

可以永遠倚靠的朋友

在帛琉人眼中，
新光醫院是可以永遠倚靠的朋友，
只要有需要，總會拔刀相助。

　　二〇一五年三月，帛琉舉辦太平洋島國衛生官員協會（Pacific Island Health Officers Association，PIHOA）第五十七屆年度會議，其中有段小插曲，令時任帛琉轉診委員會主席艾馬思・羅伯茲（Emais Roberts）印象深刻。

　　當天有項議程是新光醫院SKMP小組執行長陳仲達發表台帛轉診現況報告。會後，與中國建交的密克羅尼西亞聯邦衛生部官員有點嫉妒地對羅伯茲說，他們也想把病人送到台灣，但他們跟台灣沒有外交關係。

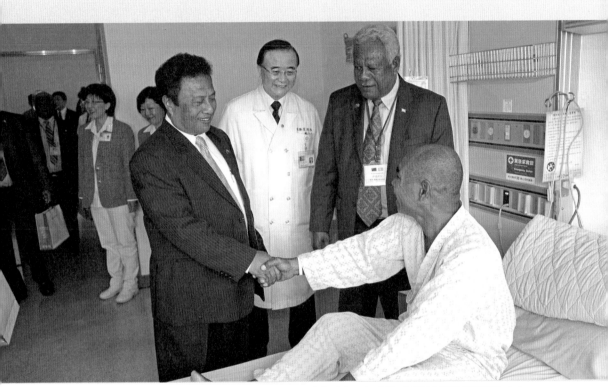

帛琉總統雷蒙傑索（左一）在新光醫院院長侯勝茂（左二）陪同下到新光醫院探視轉診病人，對雙方的醫療合作大表讚賞。

　　陳仲達聽到後，當場說：「醫療，應該超乎政治（Medical care, goes beyond politics）。如果你願意來台灣，我們也會隨時照顧你！」

　　這句話，讓羅伯茲久久難忘。

　　就是這種醫療超越國界的精神，跨越了一千五百哩，蓋起一座從新光醫院到帛琉的友誼之橋。

前總統珍藏的名片

一早走進帛琉國家醫院會議室，滿頭白髮梳理得整整齊齊的帛琉前總統湯瑪士・雷蒙傑索一世（Thomas Remengesau, Sr.），已經準時在那裡等候。

不等我們寒暄完，這位現任總統雷蒙傑索的父親、也是帛琉政治圈的大老，從後口袋掏出磨得發亮的皮夾，八十四歲的他儘管雙手有點顫抖，還是勉力從夾層掏出一張名片來遞給我看。

上面寫著：「新光醫院醫療副院長楊國卿」。

老人家的手指雖然顫顫巍巍，卻很堅定地指著名片說，新光醫院是他的救命恩人，他一直把它放在心裡。

對帛琉前總統雷蒙傑索一世來說，台灣像他的第二個家般親切，而新光醫院是他的救命恩人。

雷蒙傑索一世曾到過台灣三次，對他來說，台灣就像第二個家般親切。

他與新光醫院的第一次接觸是二〇〇八年，當時七十七歲的他罹患盲腸炎，轉往菲律賓治療時，發生嚴重的發炎感染，所以決定再轉往新光醫院。

那次他抵達新光醫院，已經是深夜十一點多，入院後，副院長楊國卿親自為他治療。由於化膿在腹腔擴散，已惡化為腹膜炎，醫師向他解釋，如果要打開腹腔將化膿清理乾淨，恐怕有些冒險，因此決定暫不開刀，先用劑量比較強的抗生素壓制發炎狀況。最後成功控制住發炎擴散，他在一個月後順利出院回到帛琉。

值得信賴的朋友

二〇一四年，他再度來到台灣，這回是因為疝氣問題，在新光醫院住了十天。

醫師判斷，可能因為他年紀大，加上在菲律賓進行盲腸手術時，刀口很大，腹壁縫合沒有處理好，有裂開的現象，一用力，腸子會把肚子頂起，造成腹部疝氣。新光醫院以外科手術把一個網子放入腹腔，將腹壁裂口頂住再縫合，順利控制了他腹部的疝氣。

這兩次經驗，讓他很信任台灣的醫師與護理師，認為他們不但專業，而且對待病人很親切，經常噓寒問暖，令他非常感動。他常說，新光醫院是他的救命恩人、值得信賴的夥伴，希望雙方的醫療合作可以一直持續下去。

令國務部長讚嘆的一小時

擁有這種信任體驗的不只是前總統，時任帛琉國務部長的比利・郭德（Billy Kuartei），也曾經兩度體會新光醫院的醫療服務。

二〇〇九年，郭德擔任總統參謀長（Chief of Staff of President）一職，同時也是帛琉總統發言人。他長期飽受高血壓之苦，血壓曾經一度飆破兩百。最早，他前往菲律賓就診，醫師建議開刀，連手術時間都安排好了。

總統知道後，開玩笑對他說：「你對我太重要了，因為你得替我發聲！」並建議他尋求第二意見，於是他轉診到夏威夷，才發現根本不需要動手術。最後他飛到新光醫院進行徹底檢查，做了核磁共振攝影（Magnetic Resonance Imaging, MRI），也確認身體狀況正常，才鬆了一口氣。

另一次經驗發生在二〇一四年八月。郭德在二〇〇〇年曾到美國進行眼部手術，但縫線有問題，眨眼時，經常引起凸起異物感與頭痛，最後在轉診委員會安排下，來台灣接受治療。

轉診到新光醫院的第二天早上，醫師替他清除縫線凸起的部分，同時發現他眼中還有七處縫線需要清除，其中兩處已經深入眼球。因此建議他先不動這兩處縫線，接著替他注射麻醉藥，只花了一個小時就完成手術。

手術隔天早上，郭德已經可以張開眼睛，眼睛的不適症狀也獲得改善。他讚嘆地說，在帛琉，醫師的處置是讓他戴眼罩防止眨眼，但新光醫院只花了一小時，就完全解決他的心頭之患，「這整個療程太有效率、太令人讚嘆了！」

以部長身分推動交流

這次經驗，讓他對新光醫院協助帛琉病人的流程印象深刻，從病人下飛機後，就有專人協助前往就診，整個醫療流程井然有序，為病患省時、省力、省錢。

二〇一三年，帛琉與新光醫院啟動轉診計畫，合作至今，帛琉人不斷談論新光的醫療服務，郭德認為，這個計畫已將台帛關係提升至更高的層次。

最近郭德從中華民國駐帛琉大使處得知，新光醫院於院內十樓成立國際醫療病房。他笑說，他已經準備要去那裡進行下一次健檢了。

「不久以前，我們的財政部長才到新光醫院健檢。我認為官員們日理萬

時任帛琉國務部長郭德以親身經歷，讚嘆新光醫院的療程效率。

機，健檢可以早期發現身體狀況，更早預防疾病，不然像我之前那樣，一週
工作七天，有天早上起來血壓破表，才發現撐不住，那可不行。我的朋友大
法官（Chief Justice）看了新光醫院的設施後，也心動想來台灣健檢。我相
信對帛琉人來說，這樣的設施很有吸引力。」

　　過去，郭德以病人的身分認識新光醫院，之後，他以部長的身分，推動
台灣與帛琉的交流。帛琉之前雖然在台灣設有大使館，但是沒派駐大使，後
來他向帛琉總統建言，轉診制度確立後，台帛交流熱度不斷升高，需要高層
官員處理各種事宜，等於間接推動了帛琉派駐大使駐台；這是他用自己的一
份心力，表達對台帛關係的重視。

時任帛琉轉診委員會主席艾馬思‧羅伯茲（Emais Roberts），認為從台灣近五十年來的發展歷
程來看，台灣人在醫療上的成長有值得帛琉借鏡之處。

提供帛琉借鏡

在帛琉衛生部的帛琉轉診計畫（Medical Referral Program，簡稱為 MRP）裡，扮演幕後推手的羅伯茲，對台灣一路邁向先進國家的歷史轉變，饒富興趣。他相信累積數十年的台灣經驗，可以提供帛琉極佳的借鏡。他與新光醫院的淵源開始得更早。

一九九九年台帛建交時，他曾隨著帛琉總統中村國雄的政府代表團到台北，那次參訪雖然距今十多年，但他對台灣的印象還是很好。

二〇〇三年，羅伯茲曾隨著帛琉第一夫人到新光醫院求診。他回憶，當時情況非常緊急，第一夫人下午腹部不適，晚上他們就搭機赴台直奔新光醫院，那時帛琉還沒跟新光醫院建立正式合作關係，但院內高層長官的熱心協助，令他難忘。

從一場晚宴開始

維克多・亞諾（Victor. Yano）醫師擔任帛琉衛生部長後，二〇〇七年新光醫院已與帛琉建立正式關係，不時有醫師與護理師前往駐診，協助帛琉國家醫院。

羅伯茲回憶，台帛轉診合作的轉折，發生在帛琉老爺酒店裡的一場晚宴上。

當時中華民國駐帛琉大使田臺清問他，何時想到台灣一趟？他回答愈快愈好，因為他想去看看病人在台灣的狀況。

兩個星期後，羅伯茲和兩位醫師同行，再度造訪新光醫院，表達他們想把轉診病人改送至新光醫院治療的意願。

百分之九十五轉診病患改來台灣

在此之前，帛琉人的島外醫療，多半到菲律賓馬尼拉或夏威夷，轉診數量不但很少，而且都是自費。

後來帛琉開辦國民健保基金（National Healthcare Fund），時任衛生部長格雷戈里奧‧倪爾莽（Gregorio Ngirmang）覺得，轉診到菲律賓的費用愈來愈可觀，幾乎高達台灣的兩倍以上，對帛琉才剛起步的國民健保基金是一大負擔，因此他把調整海外轉診制度當作首先推動的施政重點。

羅伯茲說，自從這個制度啟動後，他們試著轉送一些病人到台灣，想看看新光醫院的治療成效如何；本來打算六個月後，再來比較台北與馬尼拉的對照。沒想到，不到六個月，新光醫院治療的成效已經相當顯著。

帛琉衛生部在考慮新光醫院的專業醫療、品質、效率和友善的收費標準，加上初期轉診的成效後，很快決定將大部分病患轉送到台北。

帛琉衛生部臨床醫療局局長（管轄國家醫院，類似院長）黛比‧葛邁斯（Debbie Ngemaes），談到轉診至新光醫院的決定。

> 我們非常樂於把海外轉診目的地，從菲律賓改為台灣。帛琉國家醫院的患者十分樂意前往新光醫院，許多去過的轉診病人都好評不斷，不但整個療程很有效率，醫護人員在細節上的貼心，也讓我們備感尊重。我們真的很感謝新光醫院對帛琉病患的照顧。

> 事實上，我還沒聽到任何針對新光醫院的抱怨，我們對於整體治
> 療成效，感到十分滿意。

過去兩年間，幾乎有百分之九十五的帛琉轉診病患，都改送到台灣來
治療。剩下不到一成的病患，是因為中華航空班機無法拆卸座椅置放患者擔
架，而不得不繼續前往菲律賓求診。

像兄弟姊妹互相照顧

在帛琉實施轉診計畫的過程中，當然也有其他聲音出現。

曾有人對羅伯茲說，台北的醫院那麼多，為什麼不到別家醫院？

> 我從新光醫院的表現當中，可以看出院內人員真心關懷帛琉病
> 患，而且真的可以感受到那種投入（Commitment）與專注付出
> （Dedication），這是你在別的地方找不到的。
> 別家醫院不會有我們跟新光醫院所建立起的深厚情感，幾乎就像
> 兄弟姊妹互相照顧那樣。因此我希望帛琉人尊重、讚揚這種特別
> 的連結。

羅伯茲甚至替帛琉病人感到內疚，因為他們享有太多特殊待遇，例如：
帛琉病人多半在半夜入院，即使病房難求，院方也會馬上幫他們辦理手續，
不讓他們等候。

又例如：帛琉病人總是想入住單人房，新光醫院也會盡力滿足他們的需
求。但羅伯茲知道，台灣的病床有多麼難得，因此一再告誡帛琉病人，台灣
與帛琉有很特殊的關係，千萬不要把這些便利與禮遇當作理所當然。

「我同時也會提醒帛琉病患，我們享有的是非常特殊的待遇，若按照正常狀況收費，台灣的醫療絕對不會那麼便宜，這也是我們絕對不能忽視的善意。我希望這種特殊的合作關係，可以繼續下去，長長久久，」羅伯茲表示。

真正的朋友

在帛琉人眼中，新光醫院與他們的關係，是能真正對彼此產生影響力的朋友，帛琉衛生部前國際醫療協調人譚米・特曼音（Temmy Temengil），以「拔刀相助」來形容。

特曼音曾前往日本留學，後來任職帛琉外交部、擔任過帛琉駐聯合國行政代表，之前不論哪個國家想在醫療領域協助帛琉、進行交流計畫，都得先透過他聯繫協調。在這位笑口常開的帛琉人眼中，台帛醫療轉診協定，是帛琉國家醫院最重要的國際合作：

這可以用「交朋友」來比喻，你並不需要一大堆朋友，只需要一個真正的朋友，一個可以永遠倚靠的朋友，而新光醫院就是帛琉的那個好朋友，只要我們有需要，總會拔刀相助，這一點真的很難能可貴。

我知道新光醫院選擇與帛琉當朋友，並不是為了賺錢，因為他們大可到中國或其他地方更有利潤；因此新光醫院肯為帛琉做出犧牲，帛琉人都看在眼裡。

用眼淚衡量感情

特曼音認為友情這檔事，不可能光說「我們當朋友吧」，就可以成功。雙方必須互訪，來來往往，彼此分享一些東西，友情才會互相滋長。

這種人與人之間的友誼，才能真正跨越國界與距離。這一點，在新光醫院駐帛琉前協調人尤櫻儒卸任回國這件事上，充分體現。

特曼音與台灣交流的經驗中，所接觸的除了新光醫院，還有其他醫療院所，但溝通上，不時發生兩邊雞同鴨講的狀況。

「我說的是香蕉，他說的是蘋果，我們說的都是英文，雙方還以為互相了解，其實天差地遠。但新光醫院與帛琉合作的過程中，用心派駐了協調

帛琉衛生部前國際醫療協調人特曼音認為，新光醫院是會為帛琉拔刀相助的好朋友。

人尤櫻儒進入國家醫院，這種直接溝通的做法，省去了很多頻率沒對準的問題。」

他認為尤櫻儒是最完美的協調人，當她回國時，歡送派對上，有人因為捨不得她離開而掉淚。

「在帛琉，我們只會因為在乎某人而掉淚，這是一種衡量感情的標準。」

向台灣借鏡

在台帛轉診計畫成功實施後，不禁令人好奇，從帛琉的角度，如何看待與新光醫院交流所帶來的影響，對這項計畫的未來又有什麼展望。

熱情又開朗的帛琉人，很重視人與人之間的關係，特別是家人與朋友。

時任帛琉衛生部部長倪爾莽首先想到的是，還有哪些政策需要補強。

這位大力整頓帛琉的國民健保制度，並支持新光醫院進入帛琉校園進行公共衛教計畫的部長，向來以嚴謹的精神、管理的遠見，帶領帛琉人走向健康的願景。

談到雙方的合作，他觀察到，其實台灣與帛琉的歷史背景十分相近，先後都受過日本與美國影響。

看到台灣從昔日需要外來援助，到現今如此富庶進步，甚至還有能力協助其他國家，讓他感慨良多，「帛琉可以學習借鏡的地方，不必遠求，就在台灣。」

時任帛琉衛生部部長倪爾莽將調整海外轉診制度，做為首先推動的施政重點。

隨著轉診漸上軌道，接下來倪爾莽要強化的重點，在於建立帛琉國家醫院的醫療能力。站在衛生部的立場，他希望逐年減少前往台北轉診的人數，讓更多病人留在帛琉治療。

因此帛琉持續派遣國家醫院的醫師、護理及醫事人員，前往新光醫院接受訓練，提升專業水準。自二〇〇七年起，計有三十三人次前往台北受訓。

> 回顧擔任衛生部長一職以來，我認為推動帛琉醫療進步，最難的一點就是改變。因為人們總是習慣待在舒適圈，不願意大膽嘗試；我總是說服我的帛琉同胞，我們之所以改變，是為了變得夠好。
>
> 我也告訴他們，無論如何，終極目標是要看到病人健康地走出國家醫院；為了這個優先目標，我們要把病人的利益與福祉擺在最前端。

他認為，未來可以增加帛琉派駐台灣的人員。因為隨著轉診人數大幅增加，只有一位能說帛琉語的協調人，人力已經有點吃緊。

再來，他們還在努力協助轉診病患獲得更好的療養場所，尤其像癌症病患，由於治療時程比較久，需要長期停留在台北。他們會站在照顧帛琉國民的立場，與帛琉駐台大使館合作，尋找可供病患術後療養的獨棟房屋。

受益匪淺

葛邁斯則從醫院管理者的角度，看待與新光醫院的交流。

她認為最難能可貴的收穫，是親眼見識大型醫院的組織運作，以及經營者在時間管理上的技巧，這些都讓她受益匪淺。

　　看到如此多的病人與極度繁複的醫療科別，每日在醫院內順利被治療、運作，人力分配也井井有條，她十分訝異，新光醫院院長以及院內管理階層如何統領這數千名員工，因為帛琉的衛生部與國家醫院，大約只有四百人，這樣的經驗讓她大開眼界。

　　她笑著打比方，新光醫院像一棵枝繁葉茂的大樹，而帛琉的國家醫院就是一根樹枝。她把在新光醫院學到、看到的經驗，放在心裡，反饋到她的工作中，十分受用。

新光醫院怎麼做到的？

　　看著新光醫院的運作，她反問自己：新光醫院怎麼做到的？遇到帛琉國家醫院的管理困境時，她也會試著自問：如果我是新光醫院的院長，我會怎麼做？

　　她說，有時候，改用這樣的角度去思考，會比較容易做決定。

> 我在新光醫院學到的關鍵重點是，身為管理者，你必須學著溝通，然後解決問題。既然身邊圍繞的都是各領域的專家，那麼管理者應該把對的人放在對的位置上，並提供他們適當的工具，讓他們好好發揮！而我的角色，只不過是協助組織順利運作而已。

　　這個概念是她在台灣參加會議時聽到的，從此，她把這觀念放在心裡，當作工作的重要準則。

　　帛琉國家醫院雖然不大，但管理上最難之處依然是「人」。每個人都有自己的專業及立場，要推動改變並不容易。因此她讓同仁們了解改變的內

容，讓每個人有時間適應改變。

　　展望未來，葛邁斯除了希望和新光醫院繼續維持穩定的合作關係之外，也希望新光醫院持續協助帛琉建立醫療基礎設施，讓一部分病人留在帛琉接受治療，這樣一來，帛琉國家醫院的醫師與護理師，有機會精進醫術與照護技巧，病患也可以免去交通往返的奔波。

建立自己的能力與資源

　　正如時任轉診委員會主席羅伯茲所說：「從台灣近五十年來的發展歷程來看，台灣人在醫療上的成長，很有值得借鏡之處。帛琉是個年輕的國家，

除了感謝新光醫院對病人的照顧，帛琉衛生部臨床醫療局局長葛邁斯也從中獲得了醫院管理的啟發。

還在成長與發展中，有很多地方要向外學習。台灣經驗，可以幫助帛琉避開某些不必要的發展之弊。」

他談到，近幾年來，新光持續派遣醫師到帛琉國家醫院協助，身為同行，他可以看出這些醫師的挫折感；因為帛琉有諸多先天限制，讓他們沒辦法發揮所長。

但這樣的經驗也不完全是負面，因為這些熱心的醫師來到帛琉，看到帛琉的不足之處，未來病人轉診到台灣時，他們可以補強帛琉的不足。

> 長遠來看，現今的轉診制度固然很好，我們也不能坐等每個病人都送到台灣，帛琉還是需要建立自己的能力與資源。
>
> 新光醫院每年都派遣醫療團到帛琉，也為帛琉國家醫院人員規劃各種課程，讓他們到台灣見習。點點滴滴的累積，都能增強我們的能力。

努力需要時間醞釀

二〇一五年開始實施的校園公共衛教計畫，就是新光醫院主動為帛琉設計的貼心計畫。

羅伯茲打比方說，診所與醫院，就好比國家的前門；公共衛生與教育，就如同國家的後門，無論前門或後門，都需要好好兼顧。

「以往在帛琉，由於資源有限，大家只記得顧好前門，急著治療已經發生的疾病，卻忽略了應該提早預防的後門。還好，新光醫院提醒了我們，照顧好後門，前門自然就容易把關，更可以減少花費在前門的昂貴資源。」

　　不過,他也明白,醫療實力要茁壯,就像孩子成長需要時間一樣,不可能一夜之間長大,因此這樣的努力,需要時間醞釀。

　　正如雙方的友誼一樣,新光醫院早在多年前就經由一點一滴的接觸累積,在帛琉人心裡埋下友好的種子,經過多年醞釀後,最終建立起如兄弟般的深厚情誼。

新光醫院就像大樹一樣,堅定的守護著帛琉這個美麗海島。▶

第二章

一千五百哩外的後送醫院

很多人做事，會先想「得」與「失」
但如果做事總先想到利他，成果自然不同。
對於帛琉的醫療協助，我們就是用這種態度在努力，
不是為了醫療收入，也不只是為了醫療評鑑，
因為我們所做的努力，已經遠遠超過了醫療評鑑的需求。
一個人專注在幫助別人，才會真正快樂。
我們對帛琉的協助，也是如此。

—— 新光醫院 SKMP 團組執行長　陳伸達

跨　國　連　線

眾志成城：
史無前例的台帛國際轉診計畫

由於帛琉醫療資源有限，
把病患轉診至新光醫院，
等於是把國家醫療的最後一道防線，
也交給另外一家醫院。

　　你知道嗎？光是二〇一四年，就有兩百多人次帛琉病患跨海來到新光醫院求診，最多時，甚至一天多達七人。為什麼這些病患要不辭辛苦、千里迢迢來到台灣看病？

　　「有個病人膽囊發炎，我在手術前去看他，想安撫他的情緒，沒想到他告訴我，他靠著吃止痛藥，忍了整整一年，才轉診到台灣。我沒辦法想像那種磨人的痛苦，在台灣，病人只要走進醫院，很快就可以解決這個問題，」

台帛國際轉診計畫有許多細膩設計,接機服務便是其中一環。

新光醫院國際醫療業務前協調人林美貞回憶。

在台灣享受完善健保的我們很難體會,有些疾病明明十分稀鬆平常,在帛琉卻要因此受盡折磨。

新光 SKMP 小組執行長、同時也是家醫科主任陳仲達,說明所謂的「離島醫療」在帛琉一直存在,因為醫療資源不足,比較複雜的病症,只能離開他們的島嶼到其他地方治療。

　　現在這些帛琉病患之所以能夠順利來台，最終極的關鍵字是「轉診」。
新光醫院醫療副院長楊國卿從國際觀點指出，台帛國際轉診計畫的特色。

　　從醫療來看，帛琉在這方面的確有點無助。他們之前只能將病患
　　送到菲律賓，病人得經歷很多程序與時間等待，效率不佳。
　　但是一送到台灣，我們馬上安排檢查、療程，如果事前資料準備
　　齊全，甚至抵達隔天就可以動手術，減少病患的等待時間與醫療
　　費用，效率相比之下就有差別。

新光醫院與帛琉的淵源相當早，二〇〇七年時，帛琉總統雷蒙傑索伉儷就已專程前來參訪。（左
起：新光醫院榮譽院長洪啟仁、新光醫院董事長吳東進、帛琉總統雷蒙傑索伉儷、新光醫院董
事長特別助理吳欣儒）

信賴來自溝通

在台灣醫療院所與友邦攜手的國際醫療合作當中，帛琉案例具有相當顯著的獨特性。長期負責執行帛琉轉診專案的陳仲達認為，新光醫院與帛琉的合作，跟其他醫院與非洲等地區的醫療合作，兩者在本質上，有很大的不同。

他分析，非洲地區資源非常匱乏，無論做什麼，對他們都很有幫助；反觀帛琉，經濟並不差，因此擁有選擇權，而且帛琉已經有基礎醫療。

再者，帛琉的海外轉診，以往都送到菲律賓馬尼拉，航程只要兩個多小時，而且菲律賓能說英語，語言沒有隔閡，熱帶氣候條件、人民的習性，也都與帛琉相近。

相較之下，台灣與帛琉，無論語言、人種、膚色與文化都大為迴異，這中間需要經過很多溝通與時間累積，才能建立互信。

楊國卿解釋「轉診」對於帛琉人的意義：「把病患轉診到新光醫院，可以說是帛琉國家健保的延伸，他們島上醫療資源有限，無法照顧所有病人，當病症嚴重到某個程度，就必須交給其他國家的醫院照顧，這等於是把國家醫療的最後一道防線，也交給另外一家醫院。」

新光醫院很清楚，要說服帛琉人將轉診目的地，從菲律賓改為台灣，除了堅強的醫療品質與實力，溝通與後勤服務也很重要。

為什麼最後帛琉人會「捨近求遠」？楊國卿認為，關鍵在於醫療的品質、效率與價格。

有安全感的醫院

　　林美貞談到，很多帛琉病人回憶到菲律賓就診的過程，多半都是不好的
經驗，除了治安不佳讓他們心裡害怕，馬尼拉的空氣也不太好，習慣了清新
空氣的帛琉人很難適應。

> 最重要的是，菲律賓的醫療收費不透明，不像台灣給他們等同中
> 華民國國民的優惠費率。
>
> 他們發現菲律賓的醫院會欺騙或過度索費，例如：一直派不同的
> 醫師來看他們，但只要有人看診，就會一直收費，讓他們不勝其
> 擾；很多人也覺得診療效果不佳，與收費不成比例。

新光醫院SKMP小組，在院長侯勝茂（左一）的支持下，由醫療副院長楊國卿（左二）負責領導，
行政副院長張學聖（左三）提供行政後援。

　　帛琉病人經常跟林美貞說，他們覺得在台灣很安全，而且是一踏進新光醫院就有安全感。在菲律賓總有人帶著各種目的、用各種方式靠近他們，想從他們身上賺錢，但台灣人不會這樣，哪怕他們只是走在路上想問路，行人也會很樂意幫忙。

以「利他」為合作前提

　　轉診計畫得以成功的另一個關鍵，是帛琉國民健保基金制度的開辦。陳仲達解釋，以往帛琉人會轉診到夏威夷、關島或菲律賓，但通常都是比較有錢的人，才負擔得起，沒有錢的人，只能自求多福。

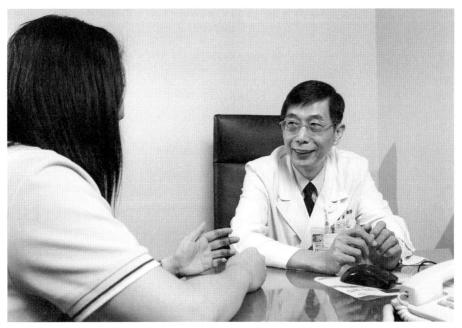

SKMP小組執行長陳仲達主任剖析，稟持「利他」的角度幫助別人，才能獲得真正的快樂。

　　自從二〇一一年，帛琉政府推行了國民健保基金制度後，經過轉診委員會認可，國民可接受百分之八十的醫療補助，自費額為百分之二十；這個措施讓帛琉國民得以負擔轉診到海外的費用。

　　最後一個關鍵則是「利他」的態度，陳仲達剖析了雙方合作的學問。

　　院務會議時，侯勝茂院長特別強調，和帛琉合作非常重要，一定
要做好。這一點很重要，因為長官明確提示發展重點，院內每個
人才會重視。另外，負責監督帛琉專案的楊國卿副院長也扮演關
鍵角色，我們碰到跨科別的困難去找他，他都會很踏實、盡快地
協助我們整合，排除困難。

在行政副院長張學聖的要求下，行政體系全面動員協助，是新光醫院轉診專案成功的關鍵之一。

很多人做事，會先想「得」與「失」；生意人做生意，也會考量「盈」與「虧」，但如果做事總先想到利他，而不是處處只想自己，成果自然不同。

對於帛琉的醫療協助，我們就是用這種態度在努力，不是為了醫療收入，也不只是為了醫療評鑑，因為我們所做的努力，已經遠遠超過了醫療評鑑的需求。

一個人專注在幫助別人，才會真正快樂。我們對帛琉的協助，也是如此。

環環相扣

天時、地利、人和等因素互相搭配，促成了這項國際醫療合作，這在國際上誠屬少見，甚至可以說是史無前例。

天時，為帛琉國家健保基金的設立，讓人民也負擔得起離島醫療費用。

地利，台灣距離帛琉約四個小時航程，但每週都有直航航班，病人無須等待過久，也無須轉機，讓轉診變得容易。

人和，新光醫院由上到下，共同推動轉診專案，從醫師、護理師、兩地協調人到轉診委員會，全力配合，功不可沒。特別是行政體系，在行政副院長張學聖的要求下全面動員，成為轉診專案背後重要的支援，協助解決了許多流程細節。

因此二〇一三年後，新光醫院以醫療品質佳、費用實惠、療程較有效率等特色，取代菲律賓，成為帛琉海外轉診的後送醫院。

細膩的轉診 SOP

跨國轉診這件事看來簡單，但絕不是把病人從甲地移送至乙地而已。這其中，牽涉了複雜的法務、交通、保險、醫療等環節，而病患也不是想來就能來。

帛琉病人究竟要經過那些流程，才能從遙遠的帛琉轉診至台灣呢？

Step1. 向轉診委員會申請島外轉診

首先，病患得經過帛琉國家醫院或帛琉國內僅有的三家私人診所診斷，由主治醫師開出病歷摘要（Medical Summary），再向轉診委員會申請轉診。

自從實施國民健保基金制度後，帛琉人民可透過醫師，向隸屬於帛琉衛生部的轉診委員會提出島外轉診需求。

所謂國民健保基金制度，類似台灣的健保。在這個計畫中，每位病人的保險上限為三萬五千美金，政府會為病患支付台灣到帛琉的來回機票，但陪同就醫的親友則需要自理。

目前新光醫院針對帛琉公民（持有帛琉護照）提供等同台灣健保費率的醫療收費標準，搭配帛琉國民健保基金，使得帛琉國民前來轉診的負擔減輕許多。以十萬元新台幣的手術為例，帛琉國家健保基金將支付八萬元新台幣，病患只需自理兩萬元新台幣。因此有些帛琉病患表示，就算去銀行借貸，也要來台灣治病！

帛琉前轉診委員會主席默科（上）因轉診計畫，曾數次參訪新光醫院，對台灣的醫療水準讚不
絕口。而帛琉轉診委員會除了每週一固定開會審核轉診申請案件，若有需要也會與新光醫院醫
療團人員溝通轉診事項。

Step2. 決定轉診優先順序

轉診委員會經過專業評估後,再決定轉診優先順序,這也是近年帛琉病人轉診至新光醫院的重要依據。曾經擔任轉診委員會主席的麻醉科醫師倪邁伊紹・默科(Ngirachisau Mekoll),說明轉診委員會如何運作。

> 帛琉的轉診委員,固定每個星期一開會,審核各項轉診申請案件。這個委員會由五位具有投票資格的委員組成,每位都是具有醫學背景的醫師,在公立醫院或私人診所工作,投票時,需達到百分之七十五的通過率。
>
> 除了每週例行會議,如果是格外緊急的急症申請案,我們會採用特別專案的方式,讓病人盡速到海外就醫。
>
> 轉診委員會將病人的病歷摘要提供給新光醫院,讓院方進行判讀、估價,確定轉診後,也會協助病人與陪同家屬預訂機位,並提供行前簡報,讓轉診更為順利。

Step3. 洽詢治療報價

帛琉設有一處轉診辦公室(Referral Office),協助辦理轉診相關事宜,工作人員會將病歷摘要寄給新光醫院、為病人與家屬訂購機票、與新光醫院國際醫療協調人及新光醫院駐帛琉協調人進行聯繫溝通,同時洽詢治療報價(Quotation)。

為了讓轉診更順暢,新光醫院國際醫療協調人設計了雙語表格,提供給醫師、醫事課等單位進行評估報價時使用;同時新光醫院也為轉診病患進行

編碼,以便更有系統地追蹤病患。

　　轉診前段,報價流程很重要,除了轉診委員會需要掌握治療費用,斟酌能否負擔國家健保基金承諾協助病患的百分之八十費用;病患家屬也必須對費用有明確概念,以準備自付的百分之二十費用。

　　新光醫院的國際醫療協調人收到病歷摘要後,先將摘要轉給醫師進行估價,再轉給醫事課批價與彙整,最後再寄回帛琉的轉診委員會。

　　等到轉診委員會收到報價,同意病人轉診到台灣後,病人還是得考量自身的經濟能力,因此實際轉診到台北還是有快慢之分。

　　病患通常會有一到兩位家屬陪同,如果是經濟比較拮据的患者,可能就需要為這筆開支傷腦筋。

Step4. 確定轉診時間

　　當轉診委員會做出決定、訂好病患與家屬的機票,就會通知新光醫院的國際協調人,告知預定前來轉診的時間,並寄出授權書。

　　這份授權書非常重要,它代表轉診委員會將為治療付款。授權書上載明了醫療項目,不在授權範圍內的醫療項目,則歸屬於自費範圍,清楚劃分權利與義務,以減少日後發生爭議的可能。

　　新光醫院國際醫療協調人收到這份授權書後,會為病患做好入院的轉診前置作業,除了聯繫主治醫師,也請醫事課發給病房號,再發電子郵件通知相關人員與部門做好迎接轉診病人的準備。待病人完成治療出院後,醫事課再向帛琉國民健保基金請款。

Step5. 行前簡報

　　帛琉病患出發前，轉診委員會為他們安排行前簡報，說明桃園機場地圖、前往醫院的接送交通資訊等須知。當病患與家屬抵達新光醫院急診室後，帛琉政府指派的帛琉駐台協調人，將協助他們辦理入院手續與生活安頓，值班護理長也會協助入院相關事宜。

無微不至的服務

　　在執行這樣的跨國轉診時，醫療專業固然關鍵，但流程與執行的細膩也不能忽略。在陳仲達詳細說明下，才知道轉診流程處處有學問。

> 在使用者付費的前提下，求診者希望被奉為上賓，得到貼心的服務。因此我們花了很多心思，讓轉診流程更順暢。
>
> 舉例來說，帛琉大使館為帛琉衛生部派駐於台灣的協調人申請了證件，只要有特殊接機需求，這位協調人可以進入機場管制區，在登機口迎接前來台灣轉診的病人，協助他們通關、提領行李、搭車、入院。
>
> 就連交通接送規劃，也愈來愈貼近使用者需求。為了不讓紙上作業與實際作業之間出現落差，我們從迎接第一位轉診病人，就十分慎重。
>
> 轉診計畫起跑的第一位病人，由新光醫院駐帛琉前協調人專程從帛琉護送來台，親身順過流程，以便測試出執行的盲點。那一次，病患接近半夜抵達台灣，我們派出救護車與護理師到機場，將病

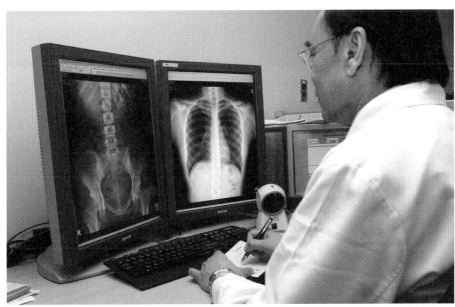

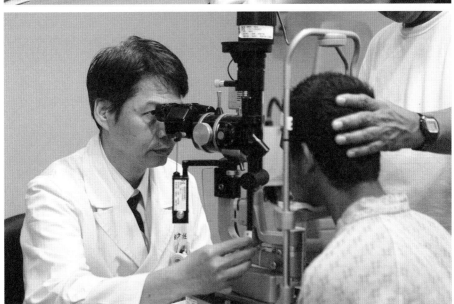

帛琉病人轉診到新光醫院前，已經安排好相關精密檢查，到院後即可進行治療。

患直接護送到急診室，希望病患有良好順暢的轉診經驗。

後來，我們協調了一家機場接送公司，讓他們到入境大廳將帛琉

病人接送至院內。為了接送時，不致於錯過病患，我們設計了一

款貼紙，讓轉診病患貼在身上，這樣他們就不會錯失接送服務。

口碑行銷帶來好名聲

二〇一三年五月，轉診計畫啟動後，帛琉病患的口碑很快在當地傳開，
因此轉到新光醫院的帛琉病人數直線上升。

林美貞說，帛琉有個特色，就是人際網絡十分緊密，上下延伸兩、三代，

二〇一五年三月，SKMP小組執行長陳仲達（前排左三）應時任帛琉衛生部長倪爾莽（前排左四）
之邀到帛琉參加太平洋島國衛生官員會議，發表台帛轉診現況報告，獲各國衛生部官員好評。

幾乎每個人都互相有關係,只要有什麼好風評或壞風評,很快就會傳開,瞞也瞞不住。因此新光醫院在帛琉可以說十分出名,套句時下流行的說法,靠的就是口耳相傳的口碑行銷!

也因為轉診計畫的成功,二〇一五年三月,陳仲達受到時任帛琉衛生部長倪爾莽邀請,到帛琉參加太平洋島國衛生官員會議,發表新光醫院為帛琉所提供的轉診服務規劃與成果分享,在會場得到很大的迴響。

經由合作雙方的互信與努力,這個史無前例的國際醫療計畫順利展開,不僅造福許多帛琉病人,也讓台灣與帛琉的關係變得更緊密。

飄洋過海獲新生：
帛琉轉診病患高田一馬與凱琳‧麥斯的故事

從帛琉轉診至新光醫院的高田一馬與凱琳‧麥斯，
讓人深刻感受帛琉人民對於醫療服務的殷切需求，
也讓我們看到愛心與善意可以無遠弗屆。

「傳說」中，有一個讓好幾位新光醫院醫護人員難忘的帛琉案例。

「這個從帛琉轉診過來的骨科病人，說什麼也不肯先開刀處理化膿；他知道只要開了刀，就得靠擔架運送，沒辦法坐華航班機來新光醫院治療。因此他一直撐著，堅持要來台北，」前國際醫療協調人林美貞回憶。

「我也記得，有位病人之前在菲律賓治療失敗，感染非常嚴重，還好他轉到新光醫院後，症狀獲得改善，因此他深信我們救了他一命，」骨科病房

新光醫院院長侯勝茂（左二）認為台帛轉診計畫的關鍵，在於回到醫學最珍貴的救人初衷。

護理長田嘉莉也對他印象深刻，「當他在台灣治療兩個月後，醫師宣布他可以出院時，他幾乎立刻哭出來，因為他已經很久沒有看到自己的孩子了。」

「傳說」中的男人

從熾烈得讓人睜不開眼的大太陽底下，側身閃進帛琉國家醫院食堂的陰

涼當中，面對這個黝黑、方臉、穿著馬球衫、戴著金屬框眼鏡的帛琉漢子，我眼前有種看不太真切的虛幻。

仔細打量眼前這位名為高田一馬（Takada Kazuma）的受訪者，若他沒站起來行走，完全看不出來幾個月前，他才遭逢人生大難，重獲新生。

很快地，個性爽朗的他自我介紹，身兼警察、消防員兩職，還是緊急醫療技術員（Emergency Medical Technician，EMT）。而那個看來跟他魁梧體型與帛琉面孔不太搭軋的名字，則來自他的日本血緣，更讓眼前場景多了些超現實的況味。

二次大戰時期，有不少為皇軍拓展帝國版圖的日本人落腳帛琉，而後與帛琉人通婚。

因此帛琉人有日本血統，並非罕見之事，很多人甚至迄今都還冠有日式姓名，高田一馬就是其中一例。他的祖母與一些家人，到現在還能說流利的日語，家裡也保有部分日本傳統習俗；當然，他們也習慣吃日式食物。仔細想起來，實在很有一點島國的魔幻寫實。

高田一馬是家中獨子，消防局的穩定公職，讓他得以撐起家計，照顧母親與妻小。

可是一場突如其來與巴士衝撞的嚴重車禍，改變了他的人生。

擁有日本血統的高田一馬個性率直爽朗，就像大多數帛琉人一樣。▶

人生因車禍翻轉

被迫必須置換髖關節的高田一馬，先到菲律賓接受手術。

沒想到術後感染十分嚴重，醫師告訴他，感染已進入血液，不易控制，只好用藥效最強烈的抗生素抑制。

之後，馬尼拉的醫院又幫他排定了三次不同手術，症狀卻絲毫沒有好轉，他完全無法行走。眼見情況沒有變好，院方只好讓他出院。

> 我第一次遇到這種情形。之前我非常健壯，因為在消防局工作，有持續運動、保持體能的習慣，沒想到一場車禍，會如此翻轉我的人生。在菲律賓住院四個月期間，每天都靠止痛藥度日，副作

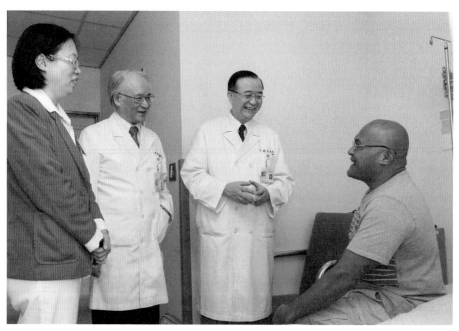

即將出院的高田一馬，向來探望的新光醫院院方表達感激之情。（左起：骨科病房護理長田嘉莉、醫療副院長楊國卿、院長侯勝茂）

用就是昏昏欲睡、食慾不振，而且我內心意志消沉，非常想家。

在發生車禍前，我是很樂觀的人，總是往好的一面看。不過在菲律賓那段人生黑暗期，我內心感到十分無助，只能等待；由於傷口發炎，每天都痛楚難當，只好一直倚賴止痛藥。

老實說，我不是很喜歡回想那段過程，好像走過鬼門關一遭又復生的感覺。

就在這種人生低潮中，在帛琉國家醫院任職的太太告訴他，帛琉國家醫院正有四位來自新光醫院的專科醫師駐診，也許回到帛琉讓他們看看、評估是否轉診到台北，會是比較好的對策。

你可以到台北治療了

如同溺水者急著抓住任何能夠浮起的漂流物，沒法行走的高田一馬躺在擔架上，掙扎著回到帛琉，一下飛機，立刻直奔國家醫院。

當時正在帛琉的新光醫院骨科醫師陳怡德，在檢查後告訴他，必須盡快轉診到台北治療，否則可能會有生命危險。

我印象最深的是，陳醫師告訴我，感染的治療絕不能拖，因此他很快在轉診會議上，為我提出轉診申請，並前往轉診委員會三次，向委員們說明我的病情。

當他帶著笑容來到病床旁告訴我：「你可以到台北治療了！」我的眼淚忍不住流下來。

回到帛琉兩週後，我坐著輪椅，勉力搭上華航班機，為的就是那

> 一線希望。住進新光醫院後，我經歷了三次小手術，再做最關鍵
> 的大手術，醫師們成功控制了感染，也讓我重新找回健康的自己。

回想起在菲律賓的日子，他幾乎無法坐著超過三分鐘，感染與傷口讓他痛楚難忍。可是在台北治療後，他拄著枴杖，天天復健，日起有功。

兩個星期後，他的枴杖從兩支減為一支。

「走」回帛琉的承諾

隨著感染獲得控制，每個星期五的抽血日，他的感染指數不斷下降。

最後一個星期五，他與前來看護的太太，走到新光醫院附近的 7-Eleven 外頭抽菸，突然想起醫師告誡：尼古丁焦油對感染的恢復非常不利。於是靠著意志力，他戒去菸癮。

高田一馬自豪地說：「我到現在都沒再抽過一口菸。」

這麼乖的帛琉病人並不常見，大部分帛琉病患，不會如此對醫囑照單全收，但對高田一馬來說，他覺得自己正被妥善照顧，所以全心託付，保持耐性，遵照醫師所有指示。那是身體與傷口的復原，也是心靈與信念的回復。他信任醫師，就如同他相信上帝。

> 台北的醫師很坦誠地對我說，我的感染已經進入血液系統，但他
> 會盡全力讓我可以「走」回帛琉。而最後，他果真兌現承諾，讓
> 我用自己的兩條腿重回帛琉。

仔細一瞧，雖然行走仍有些蹣跚，但他已經可以行動自如。

高田一馬很感謝新光醫院的無私付出，讓他再度迎向新的健康人生。

上帝派來的天使

那段蟄居新光醫院九樓的日子，所有照顧他的醫護人員，都被他視作好朋友。骨科醫師蔡效良雖然不是主治醫師，但總會抽空來探望他。他不但跟所有護理師分享食物，還幫她們取了帛琉名字。在帛琉，人們以生命中美好的事物，像花朵、陽光、海洋等來命名，其中一位護理師就被他取名為「美的光亮」（Brightness of Beauty）。

> 我將陳怡德醫師與蔡效良醫師視為上帝派來，救回我這條命的天使。現在我每天早上醒來，會先深吸一口氣，心裡想著：感謝主！感謝上帝讓新光醫院的醫師可以拯救生命。
>
> 我想代表帛琉的人民和國家醫院，衷心感謝新光醫院的付出。如果沒有他們，我就沒法在這裡說出我的故事。我希望，曾經在新光醫院照顧過我的醫護人員可以到帛琉來，讓我帶他們到處走走看看；我不是有錢人，只能盡我的力量來表達謝意。
>
> 經歷過菲律賓與台北兩地的醫療環境後，我深深覺得醫療的專業與否，對病人真的很重要。在菲律賓總是有不同的醫師輪流看診，不斷以各種名目收取診斷治療費，但在台灣，這樣的事不會發生。現在我正諮詢律師意見，考慮對菲律賓的醫院提出醫療疏失告訴。我這麼做並不是想得到金錢補償，而是希望發生在我身上的事，不再重蹈覆轍在其他帛琉人身上。

高田一馬的故事，只是帛琉病患轉診至新光醫院的一個縮影。

他的故事，讓人深刻感受帛琉人民對於醫療服務的殷切需求。而另一個帛琉孩童的故事，則讓我們看到了愛心與善意的穿透力，可以無遠弗屆。

「聞」錄音筆的小女孩

我第一次見到凱琳·麥斯（Caylin Max），是春節年假後，在新光醫院的正子造影中心走廊。我站在會議室門口遠遠望著她瘦小的身影，從走廊另一端逐漸靠近。在傍晚那個空蕩蕩的走廊上，她的身體顯得單薄瘦弱，現在回想起來，跟我在帛琉所見的同齡孩子相比，像是縮水了一半。

如同其他來到台北就診的帛琉病人一樣，春寒料峭的三月天，凱琳與陪同前來的母親，依然穿著夾腳拖到處趴趴走，顯得有點不合時宜。我除了猜想她們可能覺得有點冷，還注意到她的步伐有點奇怪；不是凌亂，而是走路的方式似乎有點歪斜；就好像沒法對準一般人眼前的那條隱形直線一樣。

到會議室坐下後，我拿出事先準備的糖果讓她開心一下。凱琳伸出小手，把軟糖與桌上的錄音筆拿起來，仔細端詳了許久。

她「看」得那麼仔細，那麼靠近眼鏡，讓人幾乎以為她在「聞」那隻錄音筆。

看不清的粉紅眼鏡

我終於看出不對勁的地方。

這個可愛的小女孩，在厚厚的粉紅眼鏡背後，只剩下極為微弱的視力。

我想起曾在學生時代，為啟明學校的弱視孩子擔任志工「報讀」，因此大概猜到，我們這些大人在她的世界裡，大抵只是一團模糊的移動光影。

很不幸的，凱琳罹患的是很少見的顱咽管瘤。這種病症，據世界衛生組織統計，發生率是每年每百萬人當中才有一‧四人。這種顱咽管瘤屬於生長緩慢的良性上皮細胞瘤，是種因細胞異常分化造成的腫瘤，容易壓迫或侵犯鄰近組織，如視神經、腦下垂體、下視丘及第三腦室，造成病人視力、內分泌、血液電解質的障礙，甚至可能影響意識，導致昏迷。

凱琳並非天生弱視，而是顱咽管瘤壓迫到視神經使得視力退化。

為了治療這個病症，小小年紀的她已經在菲律賓開過兩次刀，第三次復發後，因緣際會轉來台灣。

談起凱琳來台灣的緣由，就不得不提到時任中華民國駐帛琉大使曾厚仁。

只要有心，一定可以讓事情有些不同

坐在帛琉科羅市鬧區的中華民國駐帛琉大使館會議室中，曾厚仁解開了這段跨國愛心之旅的來龍去脈。

> 其實最早，我先收到帛琉慈善組織寄來一封請求協助的信。過了幾天，我又看到帛琉當地報紙上，慈善組織在幫她募款，說這個小女孩兩度到菲律賓都沒有順利治癒，現在準備到台灣去看醫生，她的家境比較貧困，因此需要各界樂捐。
>
> 我看到這消息，就在思考可以為她提供什麼樣的協助。

帛琉小女孩凱琳與母親來台就醫，為台帛轉診計畫增加一道溫暖的色彩。▶

　　這裡頭，除了人皆有之的惻隱之心，也有著台灣外交官的職業敏感度——如何用議題把台灣推展出去。當曾厚仁看到這則新聞時，除了覺得這個小女孩很可憐，也馬上想到該怎麼協助她，又可以結合外交工作。

　　因為台灣外交處境艱難，很難做到為善不欲人知，必須用有限的資源，讓友邦看到台灣的用心。

> 我當下就與新光醫院駐帛琉協調人尤櫻儒聯繫，想徵詢新光醫院是否能提供協助。很高興侯院長很快在院務會議中決定，願意「認養」這位帛琉小妹妹，免除她轉診至台灣須自付的百分之二十醫療費用。我們興奮地把這個消息轉達給她的家人，並舉辦了一個

時任中華民國駐帛琉大使曾厚仁在協助凱琳的過程中，深感善行是最好的國民外交。

記者會。

讓我始料未及的是，凱琳到新光醫院就診，經過當地媒體大幅報導後，我連走在帛琉路上，都有陌生人前來致意，感謝台灣願意幫忙這位小女孩。這一件善行，實在幫台灣做了一次很好的國民外交。

更有意思的是，隔幾天後，我跟帛琉總統見面，總統一開口，就感謝台灣將愛心推及帛琉下一代。我一直相信「People can make a difference.」，事在人為，只要有心，人一定可以讓事情有些不同。即使是大如邦交之事、即使我們總是強調「大夫無私交」，就算

透過台帛政府與民間攜手合作，視力退化的帛琉小女孩凱琳得以重拾光明。（左一：新光醫院醫療副院長楊國卿；左二：帛琉共和國駐中華民國大使館特命全權大使歐克麗；左四：新光醫院神經外科主任蔡明達；中：凱琳；左五：凱琳的母親）

國與國之間一概以國家利益為前提，但如果台灣與帛琉維持良好
的關係，人與人之間的感情，還是非常重要。因此這次的善行，
是一個三贏局面。

各科總動員

為了迎接這位小貴賓，新光醫院很快召集了神經外科、小兒科、神經科、
眼科、腫瘤科及麻醉科等醫師進行多專科聯合討論會議。新光醫院醫療副院
長楊國卿回顧：

小妹妹的腫瘤剛好在腦垂體後方，大到壓迫視神經，加上她曾經
在菲律賓治療後又復發，我們判斷，開刀也無法清乾淨腫瘤，所

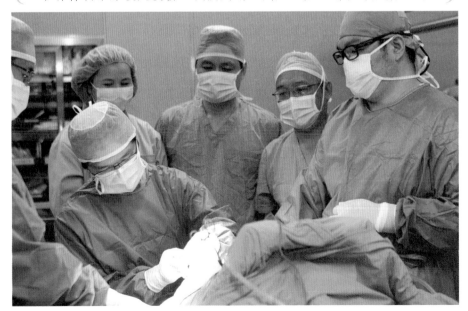

新光醫院醫療團隊以精湛的技術，挽回了帛琉女孩凱琳的視力。

以先幫她把視神經與腦垂體周邊的腫瘤清除，再搭配放射治療。
不過，放射治療會影響腦垂體分泌荷爾蒙，因此她未來需要另外
補充荷爾蒙。這個案例的主要目標，是改善她的生活品質、延長
生命。

整個療程，雖然有可能超過帛琉健保給付的三萬五千美元上限，
但新光醫院會在她原本須自付的醫療費用上給予協助。讓我們比
較憂心的倒是她的病症很棘手，容易復發，因為腫瘤已經跟腦部
的組織沾黏在一起，沒有辦法徹底清除，只能將囊狀的腫瘤體積
盡量減少，以減少對腦部的壓迫。

幸好，讓人欣慰的是，三月進行腫瘤清除手術後，凱琳在視力上有很大
的改善。剛來台灣時，她只能勉強辨識自己的手指；但手術後，她不僅可以
摘掉厚厚的眼鏡，還可以用手指滑平板電腦。她現在已經與母親回到帛琉，
之後再定期回診即可。

幫助別人，自己也會感到快樂

新光醫院院長侯勝茂也回顧，向凱琳伸出援手，最早並不是毫無猶豫，
也怕結果不能皆大歡喜：

一開始接到這個訊息，我們的確擔心凱琳的狀況，新光醫院能否
幫得上忙。但既然我們將帛琉病患視為「國民」與「好朋友」，
很快便由我親自主持會議，召集各科醫師討論病情。

經過評估後，我們確信有足夠經驗可提供協助，而醫療費用補助

也不是問題,因此兩天內就做出決議,促成她來台治療。

在這件事情上,我也特別感謝曾大使將凱琳需要幫助的訊息傳達給新光醫院,讓我們可以盡棉薄之力。

「幫助了別人,自己心裡也會感到快樂,」侯勝茂一再強調,對於帛琉民眾轉診至新光醫院,最關鍵的不是醫療收入,也不只是醫療評鑑,而是回到醫學最珍貴的初衷——助人。

曾到新光醫院接受治療的轉診小病人凱琳（中），回到帛琉後已恢復正常生活，新光醫院院長
侯勝茂（右）特地前往探視。

幕　後　人　員

跨國溝通橋梁：
台帛「鐵三角」國際協調人

對這些幕後無名英雄來說，

有能力幫助一個遙遠國度的人民，

是一種很神奇的機會，

而她們也從中得到很多心靈的回饋。

　　新光醫院 vs. 帛琉國家醫院，兩家醫療院所的攜手合作，想像起來似乎很單純；但這兩家醫院背後所代表的國家，有一千五百哩的實體距離，還有外人難以想像的語言和文化隔閡。

　　看不見的文化隔閡，要比汪洋大海的阻隔，更令人難以捉摸。因此新光醫院轉診計畫分立三方的幾位協調人，扮演了穿針引線的重要角色。

　　很多帛琉人也許一生只來台灣一次，而這唯一的一次，又是在身負病痛

四海一家的理想，在小小的病房中實現。新光醫院駐帛琉前協調人童雅琪（前排左二）、國際醫療業務前協調人林美貞（前排右二）、心臟內科病房護理長楊貴賢（前排右一）探望帛琉轉診病患。

的狀況下；因此設置協調人，協助帛琉轉診民眾溝通醫療與生活問題，至為關鍵。

　　嚴格說起來，轉診制度的成功，這一些默默付出的協調人，是奠定計畫能夠順利運作的無名英雄。而轉診平台的建立，他們的努力，也絕對是功不可沒。

陣容堅強的「鐵三角」

　　「協調人」分別派駐在帛琉國家醫院、新光醫院兩端，你可以把它想成是一個隱形的「鐵三角」。

　　三角形的第一端是新光醫院的國際醫療業務協調人，負責包括帛琉在內的所有國際醫療與合作事務，舉凡駐診、轉診、轉診報價、跨部門整合溝通、國際代訓計畫，都是這個職務的工作範圍。

　　三角形的第二端是帛琉衛生部派駐台灣的帛琉裔協調人，負責接待帛琉轉診病患，除了協助病患與新光醫院溝通，也打點病患與家屬在台期間的生活需求。

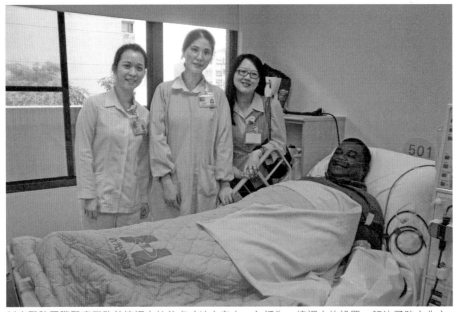

新光醫院國際醫療業務前協調人林美貞（站立者右一）認為，協調人的設置，解決了跨文化之間的隔閡。

　　三角形的第三端是新光醫院派駐帛琉的台籍協調人，負責處理從帛琉轉診到台灣的所有業務，近期也加上新光醫院推動的校園計畫。此外，這位協調人也要與中華民國駐帛琉大使館、帛琉衛生部、帛琉國家醫院各部門維繫關係，保持良好的溝通管道。

　　因為有了這陣容堅強的「鐵三角」，新光醫院的帛琉轉診計畫才得以順暢運作。

讓轉診經驗更順暢

　　「鐵三角」協調人的組合，也可視為是天時、地利、人和的搭配。

　　以三角形的第一端──新光醫院國際醫療業務協調人來說，先前肩負這個職位的林美貞，在新光醫院已有十多年工作資歷，因此嫻熟院內的組織運作；而留學美國的經歷，讓她英語便給，溝通無礙。更特別的是，她擁有社工背景，從她的言談與行事，可以察覺出多一點的同理心與樂於助人。

　　林美貞回顧：「其實很多帛琉人根本不認識我，但他們在入境的聯絡人一欄，填的竟然都是我的名字 Melissa ！」這讓她驚覺自己責任重大。

　　再來，三角形的第二端，更是打著燈籠都找不到的獨特人選。帛琉衛生部派駐台灣的帛琉裔協調人萬黛雪莉（Shirley Tebei），成為台灣媳婦已超過二十年，能說流利的中文、英文與帛琉文。

　　更難得的是，她曾經在菲律賓接受醫學訓練，可以搭起醫院與轉診病患的橋梁。

　　有了這位可以直接溝通的「同胞」，許多人的轉診經驗順暢許多。

新光醫院骨科病房護理長田嘉莉表示：「在溝通上，雪莉真的幫了我們很多忙。她扮演非常重要的角色，除了為我們說明病人的背景，更協助護理師與帛琉病人溝通。帛琉位處太平洋，很多文化上的細微之處，我們不容易了解。但透過帛琉人與帛琉人直接溝通，將減少語言上的誤會。」

國際協調人的挑戰

不過，雪莉在工作上，也有她的挑戰：「能夠協助帛琉同胞，我當然感到很榮幸，但少數帛琉人對台灣的醫療服務，心懷另類期待，尤其是曾經轉診到菲律賓的帛琉人。在馬尼拉的醫院，他們只要願意付費，就可以聘請專人打理所有生活起居事宜，有些人以為台灣也是這樣。我必須讓他們明瞭，台灣的服務以專業優先，不能事事只要求享受。」

此外，工作量暴增，也是她的煩惱。從二〇一四年以來，帛琉轉診人數日漸增加，有時一天高達七人同時抵達，讓她分身乏術。因此帛琉政府正在考慮，未來將增聘帛琉駐台協調人。

至於鐵三角的第三端，新光醫院派駐帛琉的台籍協調人，也都是一時之選。新光醫院歷任三位駐帛琉協調人，皆曾任國合會派遣至帛琉進行國際合作的志工，她們大多具有護理專業背景，而且上任前就有在帛琉生活的經驗，對於當地風土人情，有更深層的了解。

像本書採訪時期，提供諸多協助的第二任駐帛琉協調人尤櫻儒，她原本在台灣就擁有醫護工作經驗，並曾前往帛琉擔任志工，之後取得英國進階護理碩士學位，再前往帛琉接下協調人一職。

以貼心獲得肯定

　　二〇一五年剛卸下國際醫療業務協調人一職的林美貞，雖然離開了這個崗位，但談起之前負責的工作仍滔滔不絕，彷彿還在第一線服務一樣。

> 一開始，帛琉與新光醫院展開轉診計畫，我自己覺得最辛苦的部分是溝通。當時派駐院內的帛琉裔協調人不會中文，護理人員又非常害怕開口說英文，因此雙方很少溝通，往往要透過我來傳話與翻譯。那時候，每個病人到院，我都得幫忙協調所有細節。

　　後來，她慢慢發現同事比較少來找她，原來護理長安排了英文課，並製作各護理站常用的會話、字彙小冊，加強護理師的醫療英語與日常英語能力，讓他們可以更直接與病人溝通，了解病人的實際需求。

　　林美貞提到，台灣的醫護人員經常擔心自己外語太差，無法和外籍病人順暢溝通，但根據她跟很多帛琉人聊天的經驗，其實他們對台灣醫護人員非常肯定，不論在專業、服務或照顧，都認為台灣人做得很不錯，所以是台灣的醫護人員多慮了。帛琉病患對台灣人的印象多半很好，因為台灣人具有貼心的特質，而且友善、好客。

另一種機會教育

　　談起經手過的轉診計畫，有許多令林美貞懷念與難忘的經驗。

　　有個剛出生沒多久的帛琉小寶寶，因為天生視網膜有問題而轉診到新光醫院。令林美貞意外的是，醫師看完診，竟然有點生氣跟她說：「以後這種

個案不要轉給我！」

林美貞一開始很錯愕，不知道自己做錯了什麼，後來才知道，這位醫師的心地其實很好，他氣憤是因為收治這樣的病人，自己卻無能為力，只能判他們失明。

在台灣的醫療體系中，這種個案不致於失明，但在醫療資源匱乏的帛琉，只能束手無策，台灣醫師看了，難免於心不忍。

後來，這位醫師推薦這孩子到他院的眼科權威處開刀，尋求一絲機會。其實這早已超過他們的工作範圍，但他們還是盡量幫忙。

累積了這樣的經驗後，林美貞發現這正是另一種機會教育，她下定決心跟帛琉的轉診委員會直接溝通，說明日後若有類似案例，務必盡早轉送台灣，可能還有補救的機會，不致於完全失明。

> 從這些點點滴滴，你可以深刻感受到，有能力幫助一個國家的人民，而且還是很遙遠的國度，真是一種很神奇的機會；你可以看到，我們從工作中得到很多心靈的回饋。

因為醫療而形成的密切連結，讓台灣與帛琉在人道與外交層面，延伸出一種全新而難能可貴的夥伴關係。

正如新光醫院駐帛琉前協調人尤櫻儒（左）與帛琉衛生部前國際醫療協調人特曼音（右）的友
誼，台帛雙方因轉診而延伸出一種全新而可貴的夥伴關係。

現 場 直 擊

我們就是你的家人：
當白衣天使遇到帛琉轉診病患

照顧語言、文化不同的帛琉病人，
對護理師來說壓力不小，
但她們藉由體貼病人的心，
克服隔閡並贏得病人敬愛。

　　帛琉病患轉診來台，到二〇一九年底，已有超過三千二百多人次，人次最多的科別，依序為心臟內科、神經外科與骨科。轉診病患大多停留一個星期，若短期內需要回診，或無法一次完成化療療程的癌症病人，就會安排住進「帛琉會館」，即帛琉政府為帛琉國民在台北租賃的處所。

　　在帛琉病患住院期間，接觸最密切的，就是每日在病房裡照護他們的護理人員。這群白衣天使對遠道而來的帛琉病人，又是什麼印象呢？

面對不同的文化，用心與同理心，永遠是縮短病人與醫護人員距離的最佳方式。

將你的好記在心裡

　　帛琉有八成人口體重過重，因而容易衍生心血管疾病，所以轉診到心臟
內科的人次最多，高達二百九十二人次。

　　心臟內科病房護理長楊貴賢觀察，來就診的帛琉病人，大概五十多歲，
通常會有一位家屬陪同，很多是姪子陪著叔叔一起來。

親切細心的白衣天使，成為台帛轉診計畫中，最美麗的風景。

　　骨科病房護理長田嘉莉也觀察到，帛琉人特別喜歡熱鬧。護理師經常在查房時發現，有陌生病人或陪同前來轉診的家屬到處串門子，讓她們以為又多了一個病人。帛琉很小，許多人有親戚關係，或者彼此認識，所以可以算是另類的帛琉轉診場景。

　　田嘉莉對帛琉病人的天真直率，更是印象深刻。曾有一位據說在帛琉位階很高的病患住進骨科病房，帛琉駐台協調人雪莉告訴她，這位病人是北帛琉酋長。雖然他的地位很高，對待醫護人員的態度卻很謙和。

　　這位酋長就診時，剛好太陽花學運如火如荼，因此他特別跟護理師請教台灣的政治狀況。聊完天後，他竟然感慨地說：「希望台灣的政治可以很穩定，因為我們很需要台灣的醫療。」

　　當你對帛琉人好，他們會記在心裡，用自己的方式表達感謝。例如：他們會在士林夜市買名產和醫護人員分享，讓他們很感動。

　　相處久了，這群白衣天使從貼身觀察與互動中，摸索出與帛琉患者的相處之道。

用心與病人溝通

　　照顧語言、文化不同的帛琉病人，對護理師來說壓力不小，但她們藉由學習醫護英語課程，以及體貼的心，克服彼此隔閡，並贏得病人敬愛。而院方也會給輪值大夜班的醫師或護理師補助津貼，為第一線的工作人員打氣。

　　田嘉莉談到，一開始，骨科病房的護理師覺得照顧帛琉病患很有壓力，因為語言表達不夠流暢。為了加強外語技巧，她們舉辦醫護英語課程，規劃

一些實用主題，讓護理師自我充電，例如：如何詢問病人的飲食內容、術後疼痛等等。

> 我在這個學習與適應的過程中，看到同仁很明顯的改變。本來護理人員一看到帛琉病人開口就很緊張，現在她們會勇敢地用英文單字去溝通。
>
> 而且我也和同仁分享一個觀念，無論是哪一國的人，你對病人好，即使語言不通，他還是會透過你的舉止、表情感受到。當然，並不是每一個帛琉病人都樂天友善，偶爾也會遇到不好照顧的病人，這時我會請同仁想想是不是語言產生誤解，也鼓勵她們不要因此感到委屈。

婦產科病房前護理長曾雅惠，也會針對常用的醫護術語，為護理師舉辦英語學習課程，讓她們熟悉這些表達方式。

> 我們共同的感受，就是每照顧一次帛琉病人，就會更想學好英文，這樣才能提供更多幫助，不會在他們需要得到資訊或需要安慰時，無法表達。我也特別希望同仁尊重不同的文化，知道帛琉病人在乎什麼。

隨時為病人設想

在面對帛琉病人時，除了用心，也需針對他們的特質，調整照顧的方式。

田嘉莉記得，有個帛琉病人來台灣進行人工膝關節手術，但是他的太太無法陪同。

　　當時院內 Wi-Fi 還未開放給病人使用，他的手機又有問題，護理師就發揮助人天性，分享熱點給這個病人，讓他可以用 Skype 跟太太通話。而且為了怕這個落單的病人在台灣覺得無聊，她們還利用下班時間，用輪椅推病人去參觀故宮。

　　看到同仁們對帛琉病人的表現，田嘉莉不禁覺得她們真是太棒了。

　　新光醫院護理長莊麗敏特別指出，不只在醫院內要照顧病人，也要試著指導病人學習自我照顧，出院後，才不會感染或復發。

　　面對帛琉轉診病人，她也是秉持這個原則：先觀察，再發展對應的照護方式。在她的經驗中，照顧帛琉病人需要花費更多心力，只靠面對面指導，

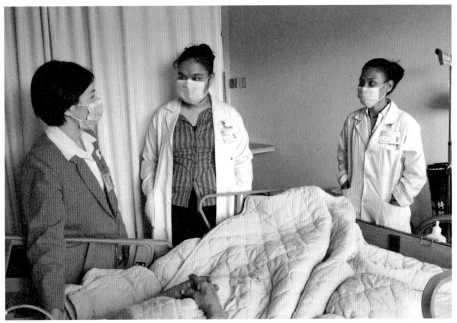

新光醫院護理長莊麗敏（左一）所服務的科別，經常要處理傷口的照護，因此她總是先注意病人的特質，再調整指導與照顧的方式。

效果必定不佳。因此她的對策就是在醫療紀錄上，詳細註明返國後需要注意的項目，包括時間間隔、飲食規範、用藥等，以利帛琉醫護人員進行追蹤。

最大的成就感

面對遠道而來的異鄉病患，醫護人員就像他們的家人一樣，讓他們在異地不覺得孤單，同時也激發他們的求生意志。

婦產科病房第一位帛琉病人，讓前護理長曾雅惠與護理師們感動難忘。

這位帛琉病人罹患子宮內膜癌，曾在菲律賓進行手術，卻又復發，於是轉診到新光醫院。她總共做了六次化學治療，每次需要三天，其他時間住在

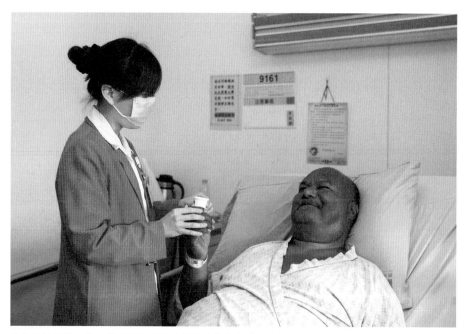

站在轉診的第一線，護理師必須隨時以病人的角度去思考並關心他們。

新光教育會館,每隔三個星期再入院,因此跟醫護人員相處了五個月。

她在台這段時間,經歷了中秋節,護理師熱心送她月餅,告訴她「月亮節」的故事,讓她也感受一下台灣的風俗民情。

當這位帛琉病人治療到第三、第四次時,已經有點承受不了,因為她的先生跟孩子都在帛琉,雖然她自己也是護理人員,知道必須完成療程,也可以忍受噁心、嘔吐、掉髮等副作用,可是畢竟在台灣舉目無親,還是會想家想到掉眼淚。

於是護理師抱抱她、貼心安慰她:「在台灣,我們就是妳的家人。」也把電話留給她,讓她有需要時可以找到人協助。

> 這是我們科內讓人印象很深刻的帛琉病患,從照顧她的互動中,我真實體會到,除了要照顧病人的身體,也要體貼病人的心。我們不希望她因為孤獨而放棄了療程。
>
> 我記得,當她完成最後一輪療程,回到門診,醫師宣布她可以回家時,她特別來病房跟我們分享這個好消息。她擁抱了在場每個人,告訴我們,她真的很開心。這給了我們很大的成就感,因為帛琉民眾可以感受到我們的付出。

這位病人後來告訴曾雅惠,她沒想到台灣的醫護人員會如此關心她的家人與生活起居,因為在菲律賓治療時,她並沒有得到這麼多關心。

用心與同理心,拉近了白衣天使與病人的距離,也讓彼此成為生命中難忘的回憶。

第三章

把愛，帶到遙遠的太平洋島國

如果我們的努力，

能讓帛琉這樣在自然環境上得天獨厚的國家，

在醫療上更無後顧之憂，

那麼這個友邦，

就更名副其實是太平洋上的熱帶天堂了！

—— 新光醫院教育研究副院長　邱浩彰

跨 國 連 線

打造邦誼之橋

新光醫院決定先從協助帛琉的急診訓練與支援著手，

幫助他們在醫療上自立。

另外，帛琉的心臟血管等慢性疾病常見，

因此也決定從公共衛生角度切入，

進行長期協助。

　　二〇〇九年七月，新光醫院急診醫學科的王瑞芳，才剛從住院醫師升任主治醫師。她還沒以主治醫師的身分在台灣看診，就先奉派到了太平洋，前往帛琉國家醫院駐診兩個月。

　　還沒去帛琉之前，她有點擔心自己的外語不夠流利，因此臨陣磨槍了一下。不過到了帛琉後，她發現沒有想像中那麼可怕，溝通沒有太大問題，很快就交到不少讓她難忘的新朋友。

從新光醫院和帛琉建立的友好關係歷程中，可以看出醫療服務如何為台灣外交打開活路。（前排左三起為：中華民國前駐帛琉大使田臺清、時任帛琉國務部長郭德、帛琉總統雷蒙傑索、新光醫院院長侯勝茂與三位副院長楊國卿、邱浩彰、張學聖）

　　兩個月的時間，她像倒吃甘蔗，漸入佳境；到了駐診期限屆臨，她已經深深迷上這個美麗島國，捨不得回家了！於是，返台後一年，她又自己到帛琉舊地重遊。

　　如果要說風光明媚的海島，全世界都有，但能讓人留下深刻印象，甚至想要一遊再遊的，卻不多。帛琉有什麼魅力，深深攫住這位醫師的心？

最讓我難忘的，應該是帛琉的人情跟自然風光。如果美麗的地方充滿人的故事，你就會覺得這個地方充滿美好的回憶，會想一再回去。這種再訪帛琉的渴望，對我來說，甚至可能比去歐洲旅行還更有吸引力！

在帛琉駐診那段期間，我除了工作，也參與了當地人的活動。他們不論小孩出生、新居落成，都很喜歡舉辦慶祝派對，而且對我們這些外來的醫師非常熱情友善。

新光醫院與帛琉的友誼，正是透過一點一滴的互動與溝通所累積。（右四：帛琉國家醫院醫師羅伯・麥德森（Dr. Robert Madisson）；左三：新光醫院榮譽院長洪啟仁；左二：新光醫院董事長特別助理吳欣儒）

被需要的美好

　　從二〇〇七年開始，前後大約四年時間，新光醫院選派了不少像王瑞芳這樣的醫師與護理師，前往帛琉進行醫療支援。

　　帛琉人從台灣得到了許多醫療協助，擺脫了病痛的糾纏，讓生活得以回復常軌。從另一個角度來看，來自台灣的醫護人員，在醫療不發達的地方，工作雖然辛苦，心靈卻得到滿滿的收穫。

　　因為提供醫療協助，新光醫院獲得帛琉國會表揚，王瑞芳代表新光醫院接受這份榮譽。再度感受被需要、被尊重的美好，她解釋自己如何在帛琉找到工作激勵。

　　在帛琉，哪怕只是簡單的換藥或幫病人縫線，都會得到出乎意料的謝意。在台灣，我們同樣用心幫助病人，但經常被視作理所當然，這種對比非常強烈。病患的一聲謝謝，讓人覺得很開心，走路都有飛起來的感覺。因為我的工作，得到了帛琉人的認可。

　　新光醫院婦產科病房前護理長曾雅惠，在二〇一四年曾經與行動醫療團至帛琉駐診兩週。她在短暫的交流當中，也有深深的感動。

　　一個令我很難忘的經驗是，看到這裡的母親那麼從容自在地哺育新生兒。想起我們在台灣那麼拚命推廣的概念，在這裡卻這麼自然而然地實踐著，讓我深深覺得，帛琉母親哺餵孩子的親子時光，是再美不過的畫面了。

　　看到帛琉人生活在醫療資源這麼缺乏的環境中，我不禁想，如果

我年輕個十歲，也沒有結婚、生小孩，我會想來這裡幫助他們。
他們真的很需要協助，而我們也會獲得很大的成就感。

從他人的需要出發

究竟，太平洋兩端相距一千五百哩的島國，是怎麼在人民之間、在醫病之間，搭起這麼堅實的友誼之橋？

我們得把時空，回溯至一位新任駐帛琉大使的派駐。

二○○七年，曾任台北駐舊金山經濟文化辦事處處長等職的李世明，在接任帛琉大使時，希望加強台帛之間的情誼，於是前往新光醫院拜會，表達外交部想藉由醫療合作，推動外交的意願與決策。

當時新光醫院召集了相關人員，集思廣益，如何才能為台灣盡一份心力，打開國際外交的困境。

當時提出的國際醫療合作案，待選地點並不是只有帛琉，還有非洲的馬拉威等處，所謂的計畫，還停留在初步階段，地點選項只是雛形，具體協助邦交國醫療的構想也需要討論。

時任新光醫院行政副院長、也是國內急診醫學專家的張珩便提出，島嶼國家最需要的可能是急診、急救資源，而新光醫院的急診醫療與人才培訓，在國內可謂首屈一指。

因此一等新光醫院確定將為帛琉提供國際醫療協助後，院內便組織一個先遣參訪團，親自前往帛琉了解實地狀況。

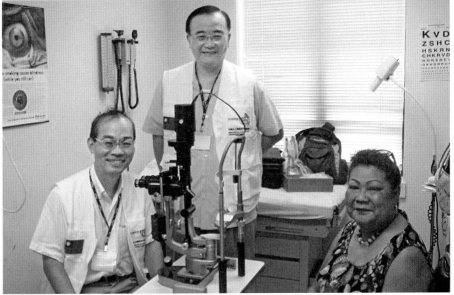

長期駐診的新光醫護人員為帛琉解決了基層醫療人力不足的問題。（下左：眼科醫師鄭成國；
下中：院長侯勝茂）

幫助帛琉醫療自立

當年首次參訪的十一名人員，包括了總務採購、資訊、急診、護理各部門，以任務編組方式，進行各方面的了解與訪談，並與帛琉總統、衛生部長會晤，以深入了解當地民眾的需求。

巧合的是，當時帛琉適逢總統選舉，新任第一夫人，與美國紅十字基金會很有淵源，她特別談到帛琉四面環海，在海上活動時，經常會有外傷，只有一家國家醫院，有時無法全面照護國民，以致於單純的外傷無法妥善處理，往往惡化成更嚴重的症狀。

經過實際考察後，新光醫院發現帛琉不一定缺乏硬體，不論是藥品或病床、醫療儀器，都有美國等其他國家支援。

「我們一開始認為，捐贈儀器或設備給帛琉，也許是最經濟與最直接的協助，後來也想過，可幫助帛琉在藥品或設備採購上節省成本，但發現這部分也幫助不大。經過實地考察，我們發現，帛琉真正缺乏的不是硬體，而是人力；當地醫師不足，有時一人要身兼數職，次專科的醫師極為缺乏，」新光醫院董事長特別助理吳欣儒，回顧當次考察團的結論。

「醫院對國家」的合作

經過多次討論後，新光醫院決定先從協助帛琉的急診訓練與支援著手，幫助他們在醫療上自立。另外，帛琉已躍身為全球第七肥胖國家，心臟血管等慢性疾病常見，因此也決定從公共衛生角度切入，進行長期協助。

　　一開始，新光醫院完全自掏腰包，派送院內醫護人員前往帛琉駐點。最早四年，醫院一肩擔起所有費用，沒有任何來自政府的補助。一方面，這是為了達到醫學中心任務指標中，醫學中心必須進行國際醫療援助的要求；再來，也是積極呼應外交部的政策，以醫療的軟實力，協助台灣鞏固邦誼。

　　幾年下來，隨著雙方交流日漸深厚，新光醫院對帛琉的協助，也逐漸由單純的醫療，擴展到公共衛生的推廣。

　　二〇〇七年七月，新光醫院與帛琉簽訂合作協定，是以「醫院對醫院」的姊妹醫院形式，派遣一名醫師與一名護理師進駐帛琉國家醫院，解決醫護人員不足的困境。

在中華民國前駐帛琉大使李世明（坐者）居中牽線下，新光醫院在二〇〇七年由董事特別助理吳欣儒（後排右四）等人組團前往帛琉考察，最後決定以幫助帛琉醫療自立為援助主軸。

新光醫院醫療副院長楊國卿（上左、下左六）與 SKMP 小組執行長陳仲達（下右二），帶領行動醫療團前往帛琉，並在中華民國前駐帛琉大使田臺清（下左四）的協助下，捐贈物資給帛琉前衛生部長史蒂文森・郭德（Stevenson Kuartei，上右、下左五），為台帛友誼打下堅實基礎。

　　二〇〇八年五月再度簽約，雙方已經提升至「醫院對國家」的層次，為帛琉國民新增後送至台灣的轉診服務。

　　二〇一二年起，外交部更為重視國際醫療合作，便藉由國合會，深入發展海外醫療合作計畫。

台灣醫療計畫成員

　　說起這方面的歷史，其實台灣早在一九六二年，就曾經選派六名軍醫遠赴利比亞，協助該國改進醫療技術與軍醫組織，這也成為台灣對外醫療援助的濫觴。

　　後來台灣除了針對中南美、非洲等地的一些國家，持續進行「行動醫療團」服務，也在二〇一二年將該計畫轉型為「太平洋友邦臨床醫療小組」，向太平洋地區的帛琉、馬紹爾群島、吉里巴斯、索羅門群島、諾魯、吐瓦魯、巴布亞紐幾內亞、斐濟等八個國家，提供協助。

　　近年，台灣針對太平洋友邦所提供的醫療協助計畫，可以分為兩類，一是「台灣醫療計畫」（Taiwan Medical Program，TMP）以及「台灣衛生中心計畫」（Taiwan Health Center，THC）。

　　「台灣醫療計畫」主要鎖定帛琉、吉里巴斯、吐瓦魯、諾魯等國進行。「台灣衛生中心計畫」則是針對索羅門群島、馬紹爾群島兩地而設計。

　　為了發展「台灣醫療計畫」，國合會提供新光醫院部分補助，希望長期派遣醫師、護理師前往支援外，也與帛琉發展更緊密的合作。因此，新光醫院在 SKMP 小組啟動後，隔年開始規劃對帛琉的五年計畫。

從問題根源著手

「這五年計畫，當然需要一點對未來的想像，不過我們主要是從預防醫學的觀念去做；除了醫療服務，再來就是應用預防醫學的『三段五級』概念去規劃。我們往前回溯帛琉轉診病患最常見的心血管疾病，發現這大多是飲食與生活習慣所造成的結果，因此決定從問題根源著手，向帛琉民眾進行長期的營養衛教計畫，」SKMP 小組執行長陳仲達回顧當時的規畫緣起。

二〇一四年，國合會將該計畫轉至由衛生署改制未久的衛生福利部（以下簡稱衛福部）。

陳仲達表示，從單純的派遣醫師支援，到發展新計畫，最大的不同就是每年要有新亮點，除了組織、籌畫，還要去評估、修正計畫，不斷修正不足之處。

而這一路延續下來的合作與成果，都要追溯自二〇〇七年開始的駐診計畫與行動醫療團服務，打下台帛雙方攜手的互信與友誼。

新光醫院行動醫療團與帛琉國家醫院的合作，展現了醫療超越國界的精神。▶

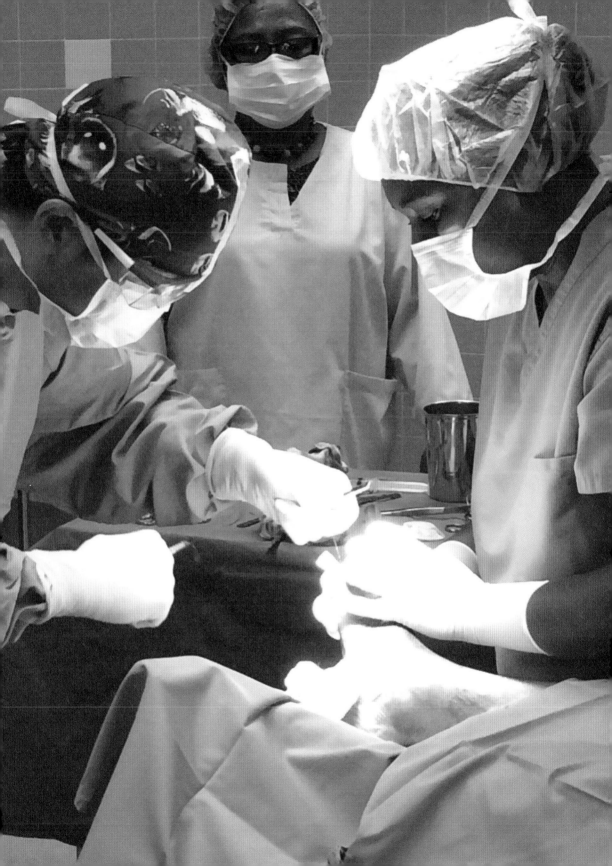

現　場　直　擊

醫病間的全方位認識

駐診經驗不僅讓台灣醫師了解當地醫療情況，

進而從帛琉人的需要提供最有力的協助，

同時也了解帛琉人的生活習慣，

知道他們生病的深層緣由。

　　根據世界衛生組織統計，包括帛琉在內的太平洋島國，平均每萬人口醫師數不到十人，吉里巴斯和索羅門群島，甚至不到三人，跟台灣大街小巷隨處可見診所與大型醫院相比，該地區醫療資源之缺乏，可想而知。

　　人力不足，是帛琉國家醫院長期以來的困境。像是照顧住院病人的內科醫師，總共只有三位，由於醫生人數少，也無法再細加分工，因此，永遠面

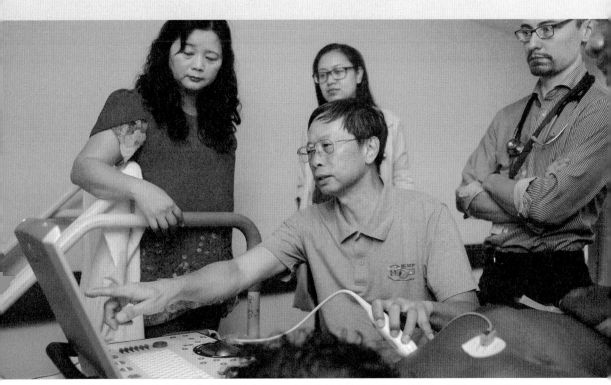

新光醫院每年持續推動的「行動醫療團」，主要考量帛琉國家醫院的需求，遴選不同專科醫師
馳援，像是心臟內科醫師劉仰哲等，把愛帶到遙遠的太平洋島國。

臨次專科醫師不足的困境。

　　為了人道援助，也為了協助台灣拚外交，新光醫院早在與帛琉展開密切
轉診合作的前幾年，就已經不計成本，在二〇〇七年起自費選派醫師、護理
師，以長達兩、三個月的急診駐院支援，解決當地醫療人力不足的困境。

　　而每年持續推動的「行動醫療團」，也考量帛琉國家醫院的需求，遴選

不同專科醫師馳援，把愛帶到遙遠的太平洋島國。

　　這些熱血醫師到了帛琉，第一個印象都是醫療資源不足，遠遠超過自己的認知。

缺乏的難題

　　胃腸肝膽科醫師徐維謙，在二○一四年十月底，曾前往帛琉駐診半個月。雖然行前已向去過的同事詢問帛琉狀況，但到了當地，他還是對器材欠缺的程度感到十分驚訝。

　　以胃腸問題來說，當地人罹患的疾病以潰瘍或幽門桿菌感染居多，但醫

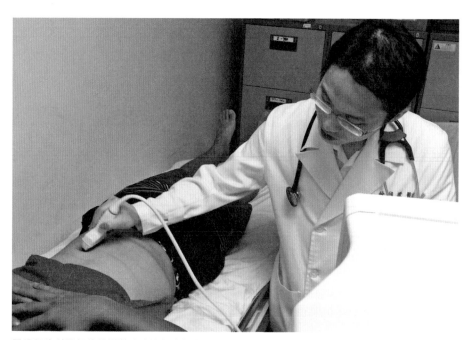

胃腸肝膽科醫師徐維謙替病人進行腹部超音波掃描檢查。

師往往不能用內視鏡確定，只能開些胃藥改善病情。

在台灣很常見的內視鏡檢查，像胃鏡、大腸鏡等，民眾在一般診所就可以做，但在帛琉的國家醫院，連胃鏡與大腸鏡都不能做。

「當時院內工作人員告訴我，他們最後一次做內視鏡，已經是四、五年前的事，」以台灣的標準來看，徐維謙覺得有點不可思議。

台灣人認為理所當然的器材、試劑，在帛琉往往得之不易。徐維謙印象很深的是，有位病人腹痛不止，需要做一些檢驗，卻因為試劑用完，要等到下一次船期，試劑到貨，才能檢驗。

因此，有些病患，若是生在台灣應該有機會救治，但在帛琉，卻只能眼睜睜看著生命流逝。身為醫師，徐維謙感觸良多。

> 我駐診時，有個罹患 B 肝又酗酒的男性，才三十多歲，送到醫院時，已經有肝衰竭的現象。醫院內只有比較陽春的藥品，也不可能進行肝臟移植，送國外轉診更是緩不濟急，幾天後就過世了。
>
> 在台灣，我們會為這名病患進行肝臟移植，讓他有存活的機會。但在帛琉，就缺乏這種機會。我看了，很為他們感到惋惜。

工作標準可以更細膩

除了儀器、藥材，帛琉的醫療流程和品質，也有待提升。

帛琉人多數肥胖，經常因為糖尿病導致腎病變。另外，他們的醫學常識不足，有些病人像台灣早期一樣，會亂吃草藥，有些草藥含有不明成分，很容易影響腎臟功能。

　　以往在帛琉，腎臟有問題的病人，只能順其自然，走完人生旅程。近幾年，中華民國政府捐贈了洗腎機器，於是開始設置洗腎病房，可惜效果也不好。原因，就出在流程。

　　腎臟科醫師蔡明憲，二〇一四年八月到帛琉國家醫院駐診兩個星期，協助洗腎室的運作，對於台灣和帛琉的洗腎品質有很深的體會。

　　台灣的醫療服務非常細緻，以洗腎來說，早已是非常個人化的服務，可以依據病人病情、血紅素、鈉、鉀等電解質的比例，以及血壓狀況，來調整液體與流速的搭配，讓病人體內原本代謝不出來的尿素等毒性物質透析得比較好。

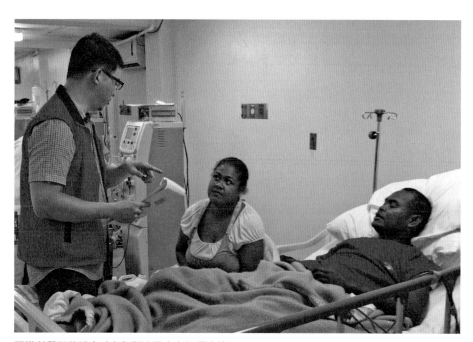

腎臟科醫師蔡明憲（左）對洗腎病人解釋病情。

> 因此台灣的洗腎病人，洗腎超過十年、二十年的，比比皆是。
> 但帛琉不論是什麼樣的病人，全都以同一套速度，與同一套 A、B
> 液來進行血液透析。洗腎的病人超過三年後，存活下來的並不多。

在工作標準上，帛琉醫療人員的確不夠細膩精確。

以洗腎為例，腎臟的功能，主要是過濾體內廢物，排除體內多餘水分，保持電解質、鹽分及酸鹼平衡。所謂洗腎，用白話來說，就是腎臟無法正常作用，只好用機器來代替腎臟，藉由高濃度到低濃度的液體透析，「洗」出身體裡小分子的毒素。

蔡明憲觀察後發現，「台灣醫師會檢驗病人體內的尿素氮，作為洗腎效果的指標之一；也會觀察血液中的白蛋白與鈣、磷，因為鈣、磷含量和血管、副甲狀腺有關，與心臟疾病有高度相關性。但帛琉醫療人員對營養指標與電解質異常的處理，似乎不是那麼在意，停留在『有洗就好』的階段。」

用學習彌補差距

帛琉畢竟是孤懸在海上的島國，所有物資都仰賴進口，而且國家醫院的規模僅類似台灣的社區醫院，要面對各種病症，自然難以周全。

對於外來的協助，帛琉人很需要，也很願意學習。新光醫院的醫師，除了捲起袖子救治病患之外，也竭盡全力傳授相關知識。

專長為急診的王瑞芳，在帛琉駐診期間，就為國家醫院的醫護人員開設了急救課程，例如：高級的心臟救命術、急診創傷救命術、CPR（心肺復甦術）急救、用藥技巧、外傷包紮等，當地的醫師與護理師都很踴躍參加。

「這些基本的專業知識對他們來說很實用，也會讓他們對操作更熟練，」王瑞芳解釋。

有帛琉醫生發現內視鏡檢查的重要性，想向徐維謙學習如何使用內視鏡使用，他也熱心地提供進一步的建議，「如果要建立內視鏡室，除了購置器材，清潔、擺放、維修、保養，甚至洗劑等細節，都需要注意。」

病房新氣象

心臟內科醫師陳隆景到帛琉駐診時，使用超音波幫病患進行心臟檢查。他發現，醫院內有台灣捐贈的超音波機器，但當地醫師在使用及判讀上有困難，因此，只好將病人送到台北進一步檢查。

當時有一個年輕的帛琉醫師向陳隆景表達學習的意願，陳隆景就讓他跟著看診。後來，另一位心臟內科同事到帛琉駐診，就把心臟超音波的標準作業流程教導給他們，讓他們學著操作這台機器。

帛琉國家醫院洗腎病房護理長瑪律・貝達爾（Tmeleu Bedal），也認為到帛琉支援的腎臟科醫師蔡明憲，對他們貢獻良多。

> 他幫忙檢查病人，改變我們的洗腎流程，也替我們上課，讓病房有新氣象。病人不但不排斥台灣醫師，還有人指定台灣醫師看診。到現在，我們都還遵照這位醫師的指示工作，包括注重與病人的溝通，洗腎時間長度也依照病人的狀況，每次四或五小時。不過因為資源缺乏，醫師建議讓病人每週洗腎三次，目前我們只能做到每週兩次，這是比較美中不足的地方。

針灸廣受歡迎

　　駐診醫師提供的各種治療中，有一種療法備受民眾歡迎，那便是針灸。

　　復健科主任謝霖芬，二〇一二年底曾奉派至帛琉兩週，這次駐診，他主要提供復健治療。由於肥胖容易引發高血壓與糖尿病，帛琉人中風的比例很高，對復健的需求也大。

　　謝霖芬以針灸來處理兩大問題，一是腦神經的病症，包括腦中風，因為這病症會有偏癱、一邊沒有力量，以及肌肉僵硬的症狀；另外一類就是處理肌肉骨關節問題，像五十肩、肌腱發炎、腰痠背痛、肩頸痠痛與退化性關節炎等症狀。

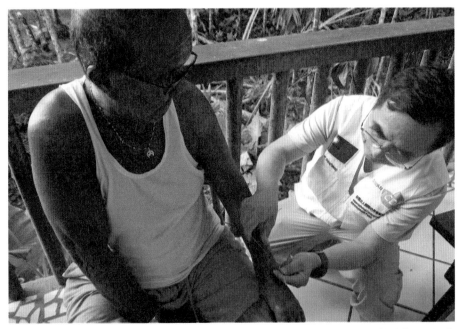

新光醫院行動醫療團成員復健科主任謝霖芬（右）為帛琉病人看診，他們也提供離島最需要的急診等訓練，一步步地協助當地提升醫療品質。

由於事前得知帛琉人對於針灸非常有興趣，謝霖芬有備而來，偕同當時一起駐診的兩位醫師，每天平均要看五十多位患者。

他分析，「可能是他們覺得效果不錯，症狀立刻得到舒緩，因此不少人來治療。」

臨行前的急送螃蟹

在院長侯勝茂的長期規畫中，前往帛琉駐診的醫療團，應該逐漸由早期「被動」等待病患求診，改為「主動」追蹤轉診病患，提供回診服務。

陳隆景在二〇一四年八月前往帛琉駐診時，開始落實這項目標。二〇

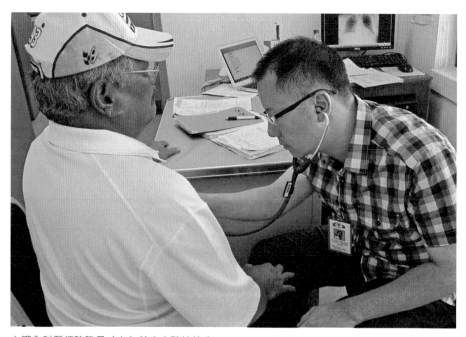

心臟內科醫師陳隆景（右）替病人聽診檢查。

一三年，已經有心臟內科病人到新光醫院進行治療，因此這次駐診，就有不少病人掛他的門診，進行追蹤。

有一位帛琉病人因為很容易喘，而且有心臟衰竭的症狀，之前曾經送到台灣檢查。當時新光醫院的醫療人員發現他的心臟血管出現阻塞，因此放了四、五個支架，幫他重新打通血管。這次，這位病人也來看診。在帛琉看到他控制良好，陳隆景很替他開心。

而轉診病患看到熟悉的台灣醫師造訪帛琉，也以令人難以想像的熱情，表達他們的感激。陳隆景的親身經驗，讓他非常感動。

> 臨上飛機離開的那一天，新光醫院駐帛琉協調人接到國家醫院急診室打來的電話，讓我們有點緊張。知道原因後，又有些哭笑不得。原來，有位病人拿了很多魚、蝦、蟹要送我，卻找不到我，只好寄放在急診室。
>
> 其實在這之前，已經有幾個我看過的病人，帶了好幾隻當地特產的紅樹林蟹（Mangrove Crabs）來送我。
>
> 從這點可以看出，帛琉人用很純樸與直接的方式來表達他們的感激，讓人真切地感受到他們的心意。

先了解再對症下藥

更重要的是，駐診經驗讓台灣醫師更了解帛琉人的生活習慣，也了解他們生病的深層緣由。

一般說來，帛琉人非常配合醫院給他們的醫療建議，沒有太多疑問，也

幾乎不會有其他意見，因此陳隆景常開玩笑說，「他們是很乖的病人。」

可是，只要提到要控制飲食、體重來配合治療，帛琉人就不見得做得到。終於，有一次近身接觸，讓陳隆景驗證了自己的推測。

> 這次到帛琉駐診，當地醫師宴請醫療團成員，那天點的菜實在多
> 到不可思議。後來我們才知道，帛琉人請客一定要有剩菜，才代
> 表心意十足。這多少也讓我們了解，為什麼當地人比較容易肥胖。

全面了解帛琉文化、醫療環境，讓醫療人員對跨國界的治療、用藥，有了新的體會。

> 這裡的藥品項目不多，有些甚至是台灣十年前用的，新藥種類更
> 是非常少，因此處方的選擇有限。
> 我想起那些曾在台灣治療的病人，雖然我為他們開出許多藥方，
> 但那些藥在帛琉不一定找得到。
> 讓我警惕的是，心血管疾病的服藥必須長期進行，如果停藥，勢
> 必影響治療效果。
> 因此這趟醫療團之行，讓我更深刻思考，在台灣轉診開出的三個
> 月用藥之後，後續的用藥，究竟該如何持續。

藉著這樣的實地探訪，也讓新光醫院對帛琉的醫療建設，提出更精準的建議。

一點一滴改變

副院長楊國卿之前造訪帛琉時，很不巧遇上了颱風。帛琉被颱風侵襲的

機會不多，但那次氣候異常，風災之嚴重超乎他們的想像。在這場天災中，帛琉國家醫院缺乏應變意識及設備，幾乎完全失去醫院的功能。

在台灣，一旦得知颱風警報，醫院一定會加強戒備，等待收治傷者；但在那當下，楊國卿卻發現，醫院因颱風而停電、淹水，幾乎停擺。

他當時就向帛琉總統提出改革建議。

有位孕婦即將分娩，婦產科醫生與孕婦只好移到一戶備有小型柴油發電機的人家家裡，準備生產。

我看到這種狀況，就向他們的官員建議，國家醫院不應該建在海邊，應該遷移到地勢高的地方，比較不會受到氣候影響；如果不

帛琉人習慣用很純樸與直接的方式來表達他們的感激，讓人真切地感受到他們的心意。

{ 能這麼做，至少也要設立緊急應變中心，備好發電機與醫材，災

難發生時，才能有備無患。 }

　　如今，雖然國家醫院暫時無法遷移，但已經加裝了發電機。楊國卿欣慰
地表示，「這一點一滴的改變，都會讓帛琉產生實質的進步。」

　　每年到帛琉短暫駐診或探訪，看似杯水車薪，卻在不著痕跡中，為醫病
雙方帶來深刻而直接的影響。楊國卿的話，就是最好的註解。

◀在這個文化、語言全然不同於台灣的國度，行動醫療團的成員，像是急診科醫師王瑞芳（左）
試著用在地方式思考，也因此對生命多了一層新的體認。

病人在哪裡,醫師就在哪裡

　　二〇一五年八月十九日,我奉命擔任新光醫院帛琉行動醫療團團長,與骨科醫師廖振焜、心臟內科醫師魏丞駿,還有營養師廖淑芬一起進行為期兩週的服務。帛琉雖然是我從未想過會去的島國,但聽說醫院有帛琉行動醫療團時,我毫不猶豫地報名了,只因為覺得這是一件對的事情。我告訴自己,越是忙碌,更要學會傾聽內心的聲音。

　　為一個隱藏在太平洋的小島,灌注台灣的醫療元素,聽起來有些浪漫,抽象且模糊。一個小小的皮膚科醫師,到底能做什麼呢?或許一般人會質疑,平常追求時尚窈窕的醫美中心主任,怎麼會跟「熱血」、「使命感」、「義無反顧」、「熱帶醫療團」等關鍵字連結在一起?但接下來兩週,我的的確確經歷了心路歷程的大轉變,也改變了自己對人生的看法。

給他魚吃,不如教他釣魚

　　飛行了三個小時,終於抵達帛琉科羅機場!第一印象是,小小的國際機場,有種純樸的美感,彷彿正靜靜地歡迎我們!牆上懸掛的鯊魚照片、喊不出名字的海底生物,讓我想起一首歌詞:「厭倦沉重,就飛去熱帶的島嶼游泳。」

　　海洋,正靜靜地召喚著我這隻生活在城市森林的旱鴨子。

　　第二天一早,我們跟當時派駐此地的大使曾厚仁碰面,暸解台灣深耕帛

琉的歷史及貢獻，對於進行中的校園營養計畫已經取得關鍵性的突破，感到高興，預期這將能讓帛琉居民藉由養成良好飲食習慣，大幅減少非傳染性疾病（NCDs）等心血管疾病的風險。

　　中午跟帛琉衛生部部長碰面，更進一步了解他們對我們的期許，之後參加帛琉國家醫院的每週學術例會，同時也為他們上了一小時的皮膚疾病繼續教育課程。

　　「給他魚吃，不如教他釣魚。」這是念台大醫學系時，常常聽老師們說的話。我想，除了看診服務病人之外，更重要的，莫過於提升當地醫療水平，而持續不斷的繼續教育及交流，才是根本之道！

一趟帛琉駐診之旅，重新點燃新光醫院醫學美容主任唐豪悦靈魂裡的史懷哲基因。

　　雖然帛琉沒有皮膚科專科醫師，但透過這次課程，相信一般科醫師也能瞭解如何處理皮膚問題，這將可以大幅減少該地皮膚疾病的情況。

　　例會完，終於進入重頭戲——門診開始！

　　好幾個病人是極其頑固地拖了十幾年的皮膚病及皮膚腫瘤。或許是因為溫暖潮溼的氣候，再加上帛琉人愛游泳的天性、皮膚科醫師的缺乏，這裡皮膚病的廣泛及嚴重，對我可是一大挑戰！

醫療團隊一起踏入手術房的感動

　　醫療團出發前，新光駐帛琉協調人已多次和帛琉衛生部開會，希望他們多轉介病人，充分利用我們在帛琉的駐診時間。而一些皮膚科小手術，能做的，我也盡量做。

　　同行的骨科醫師廖振焜是第三次來帛琉，他對醫療充滿熱忱，我當實習醫師時，曾經跟他學習過，他也可以支援很多皮膚相關手術，所以對於大部分的皮膚疾病及皮膚外科，我們應該都能找到辦法診治。

　　新光醫院行動醫療團在帛琉頗負盛名，駐診第一天，病患果然蜂擁而至。

　　我印象最深刻的，是一個急需植皮的病人，他才二十八歲，兩年前因為小腿感染，留下一個逐漸擴大到十平方公分的傷口，使得他無法從事很多活動，連帛琉人最喜歡的海泳也不行。

　　而且他的體重直線上升，接近兩百公斤，也就是說，這個傷口已經嚴重影響他的生活與健康！

　　因為帛琉國家醫院廣為宣傳，他來到我的門診，第一時間我就判定，病

人需要植皮手術。既然廖醫師可以幫忙，我帶著病人去找他，他也欣然同意，於是安排病人住院，隔天進行手術。我提醒廖醫師，先去開刀房確認所有器材是否完備，並且答應他，隔天會進開刀房幫忙。

第二天手術，我因為其他公務，進去開刀房時，病人已經都準備好了，只見廖醫師從容地從同側鼠蹊部，取下十平方公分的皮膚，縫合傷口後，清除取下皮膚的脂肪組織，然後植在小腿傷口上。因為沒有特殊器械，只能用手一針一針的縫，最後再縫上一些棉花，壓住植上的皮膚，就大功告成了。

回國的前一天，我們一起去查房，為這位病人拆除植皮上的棉花。當我們小心翼翼地拆除棉花後，發現植皮百分之百成功，病人非常高興，他說終於可以再下海了（海泳），我們也為他感到開心，希望下次再見到他時，他已經回復正常生活與體重。

偏遠離島的感觸

第二週，我與艾莎醫生（Dr. Aeysha）到美麗丘州的衛生所看診及居家照顧。衛生所很偏遠，車子開到泥路上，還要顛簸地翻山越嶺，但能幫助無法到本島就醫的病人，就一點也不覺得疲累。

我們來到一個癱瘓多年的病人家裡，他原本是電台廣播員，因為車禍臥床，每天的娛樂只剩手上的鏡子，還有一台老舊收音機。剛進入他的房間時，傳來一股多日沒洗澡且伴隨尿袋的氣味，我們發現他全身有廣泛的黴菌感染，心中很是不捨，也格外有感觸。

偏遠離島的醫療匱乏是極需改善的，但我們在有限的時間裡，無法照顧

到所有的病患，如何讓醫療觸及偏遠地區，是我們應該深思的議題！

友誼、合作、醫療服務

短短兩週裡，醫療團看診超過四百名患者，包含：一百四十九名骨科、一百二十一名心臟內科，與一百四十五名皮膚科患者。其中還發覺有四十位患者需要啟動轉診機制，以獲得進一步的治療。

我們獲得很大的迴響，當地報紙大幅報導，更重要的是建立了兩地醫師之間深厚的友誼，奠定了帛琉國家醫院及新光醫院的合作根基，同時樹立專業醫療照護的典範！

我想，帛琉的服務，並不一定需要名醫，也不一定需要昂貴的器材，有一顆熱忱、真誠的心就足夠了。像前述的皮膚科病人，在我們熱忱服務下，只用了一般手術刀，就解決了困擾他兩年的傷口。

展望未來，我希望能再去帛琉服務，並幫忙培訓當地醫師，讓他們也具備治療基本皮膚科疾病的能力，增進帛琉人民的皮膚健康。

原本出發前，對醫療團只有模糊概念的我，可以說經歷了改變我一生的兩週，我想起「醫者父母心」這句話，靈魂深處的史懷哲基因，或許就這樣被重新點燃了。我帶著滿滿的感動跟年輕醫師分享，期許有更多人帶著熱血，一起回到醫療的天職，讓世界更美好！

唐豪悅認為憑著醫者真誠的心就能為帛琉民眾服務，不一定非要名醫或昂貴的器材不可。

貼　身　觀　察

療癒之島

如何看待生命,就會如何要求醫療。
帛琉人面對生命的隨遇而安,
讓台灣醫護人員對醫療合作有了全新的思考。

這幾年來,為了發展與帛琉的國際醫療合作計畫,不少新光醫院的醫護人員被選派到帛琉工作。離鄉背井雖然辛苦,副院長邱浩彰總是鼓勵醫院同仁,希望他們在異國工作能有不同的體會。

他舉例:「帛琉擁有獨特的自然環境,是在台灣所體會不到的,像是可以享受毫無光害的星空,海洋生態也很可觀。」

復健科主任謝霖芬,在這方面深有所感。

在帛琉人眼中，凡事「慢一些，不要那麼匆忙」，才是帛琉的生活風格。

　　造訪新光醫院時，如果你曾經注意牆上不時出現的絕美風景攝影作品，可能會發現，這些作品的創作者是新光醫院的醫師謝霖芬。

　　二〇一二年底，謝霖芬到帛琉駐診，不巧碰上當地難得一見的颱風。但帛琉對海洋生態保護的周全與堅持，讓他留下了難以磨滅的印象。他對海中美景的讚嘆，完全呈現在鏡頭下。除此之外，對大部分到帛琉駐診的醫護人員來說，他們還有一個更大的體悟，便是帛琉人的生命態度。

樂天知命

急診醫學科主治醫師王瑞芳，有個有趣的經驗。

> 我看的十個病人中，可能有八個來自監獄。他們來看診時，沒有上手銬，警察也不會全程看守。看完診，打個電話，警察再來把犯人帶走。他們認為帛琉是海島，無處可逃，因此一點都不擔心。

帛琉人這種樂天的個性，讓外來的人聽了為之莞爾。不過，反映在急診室裡，卻帶來了另一種省思。

> 有一天，來了一個休克的病人。如果在台灣，我們會馬上搶救，不過，帛琉醫護人員的動作比較慢，快則四十分鐘，慢則可能一個小時才幫他接上點滴。台灣醫師看了會急得跳腳，但帛琉人的步調就是這樣。
>
> 在台灣急診室幾乎每天都會用到的 CPR，在帛琉並不常見，我在帛琉駐診期間，幾乎沒遇過。
>
> 帛琉人如果年紀大了，遇到需要急救的狀況，心態上也傾向不那麼積極。這讓我察覺到，他們對生命的態度比較隨遇而安。
>
> 一旦病人病危，他們通常召喚數十名親友齊聚一堂，陪伴病人走完人生旅程，而不會希望醫生在病人身上插一堆管子，拚命搶救、增加他們的痛苦。

帛琉非常重視生態保育，無污染的海洋吸引了全世界的觀光客前來朝聖，因此有彩虹盡頭的故鄉之美稱。▶

帛琉人坦然接受生命變化的態度，值得自稱生活在文明社會的我們深思。

如何看待生命，就會如何要求醫療。同樣在急診室支援的血液透析病房護理師張嘉玲，也經歷了相同的文化衝擊。

坦然接受變化

之前張嘉玲奉派前往帛琉國家醫院支援，原本她擔心自己英文不夠好，但是到了帛琉，這個原本令人害怕的意外，變成非常值得開心的意外。

由於國家小，人口少，帛琉的護理人員知道每個病人的名字跟背景，而病人對醫護人員也全心信賴。

這樣的認識，讓張嘉玲慢慢感到自在，並以專業的態度贏得當地人的信任。三個月相處下來，她最深刻的感受是，帛琉人與台灣人對生命的態度，非常不同。

遇到疾病末期或病危的病人，大部分台灣人都會要求搶救到最後一刻。但帛琉的醫療資源不足，因此他們很珍惜，不會隨便浪費；即使可以拚命搶救，如果病患最後會變成植物人、造成家庭與國家的負擔，帛琉人會選擇不再搶救，讓病人平順走完這一程。

這種我們在台灣想積極推動的觀念，卻在一個偏遠地方默默實踐，實在很值得深思。

不論生病或死亡，帛琉人坦然接受生命的變化。這種價值觀，表現在他們對救治的態度，也表現在醫病關係上。

心臟內科醫師陳隆景到帛琉駐診時，就發現：「如果檢查結果認為需要接受手術，帛琉人通常都能坦然接受，也不會太擔心。他們非常接受與配合

院方的醫療建議，不會有太多疑問，與台灣人看病的模式不太一樣。」

最後停留之地

在新光醫院內，曾經發生一個讓所有負責轉診的醫護人員難忘的故事。

有個一歲多的帛琉小女孩，因為先天性心臟病轉診到新光醫院開刀；這個小朋友很可愛，動手術前一天，護理師還特別去逗逗她。

開刀後，小女孩還是過世了。她的父母非常難過，尤其是母親特別要求跟醫師見面。

這時，典型的台灣人反應出現了，醫療人員的神經立刻緊繃，擔心發生醫療糾紛或爭執，很快就安排了她與主刀醫師會面，讓醫師詳細說明。

沒想到見面的情景，卻讓所有醫護人員大吃一驚。

原來，這位媽媽想藉這個機會，當面感謝所有醫護人員的努力。她說，小女兒在帛琉時，食慾不好，但到了新光醫院卻吃得很多，看到寶貝女兒那麼喜歡這裡，她希望有一天可以帶兒子來台北，看看妹妹最後停留的地方。

醫護人員原本十分緊張，腦海中揣測各種可怕的場景，聽到這番話，頓時掉下眼淚。

必要與不必要

「帛琉媽媽說的那些話，讓人十分感動，」當時擔任國際醫療業務協調人的林美貞，想起那場景，眼眶還是泛紅，「這對帛琉父母沒有因為女兒過

世，就指責、埋怨院方。他們的平靜讓我忍不住思索，台灣人把很多事視為
理所當然，認為開刀一定要順利、務必要治療到好……可是這位帛琉媽媽卻
注意到醫護人員已經盡力，體諒他們的辛苦。雖然最後結果如此，但她心存
善意，沒有否定台灣醫護人員的付出。」

　　一幕幕帛琉人面對疾病的畫面，讓新光醫院的醫護人員開始思考另一個
面向：當台灣向其他國家提供醫療服務時，應該抱持什麼心態？

　　在帛琉駐診三個月後，王瑞芳分享了自己的心得。

　　台灣要小心避免「以上對下」的心態。我們必須思考帛琉的真正
　　需求是什麼，不需要把自己的進步或優越強加在別人身上，也不
　　需要認為帛琉的醫療應該變得很進步，具有台灣的水準。
　　舉例來說，台灣對癌症的處理，包括：開刀、放射治療、化學治療，
　　有時候還加上整形。但這些真的都有必要嗎？

　　這樣的省思，對台灣要邁向國際醫療大國，不啻是最好的回饋。

跨 國 連 線

向下扎根,
厚植帛琉醫療能量

新光醫院為帛琉國家醫院員工提供不少訓練課程,

從護理、醫療、藥學等專科到營養衛教,

藉由這些量身訂作的實用課程,

厚植帛琉自身的醫療能量。

為了深化和帛琉的合作,新光醫院持續為帛琉進行教育訓練,回溯疾病與治療的源頭,試圖向下扎根。

副院長楊國卿認為,這個訓練的影響力超乎專業本身,「這樣的訓練,不管學到的專業知識有多少,對於台帛兩邊的溝通都很有幫助。除了讓新光醫院的醫護人員更了解帛琉人的心態與習性,帛琉人也可以更清楚台灣的醫療水準與醫療程序。」

新光醫院醫護人員熱情款待遠道來受訓的帛琉學員，彼此建立的情感正是台帛友誼的縮影。

　　帛琉國家醫院洗腎病房護理長貝達爾曾經到新光醫院受訓，她的經驗是最好的證明。

「真的」非常實用

　　走進帛琉國家醫院洗腎病房，這裡的氣氛似乎特別安靜，人們連說話似

乎都放低了音量。白色病床上，患者正閉目養神，耐心接受一週兩次的血液透析。

忙進忙出的護理長貝達爾，好不容易抓到空檔，與我們坐在她辦公的小角落，談起前往新光醫院受訓的經歷。她形容該次訓練的價值與意義時，連續強調了兩次「真的」、「真的」非常實用，接著又加了一個極度讚美的字眼：到新光醫院學習的經驗「深具啟發性」（Enlightening）。

> 我在新光醫院學到不少技巧與觀念，比如說：遇到病人出現緊急狀況該怎麼處置？病人血壓過低該怎麼做？遇到脫水狀況又該怎麼協助？回到帛琉後，我也將這些知識轉教給其他護理師。

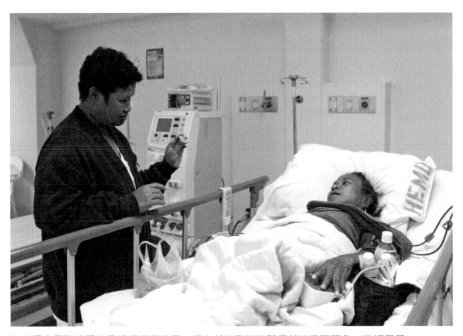

帛琉國家醫院洗腎病房護理長貝達爾，將在新光受訓的醫療新知帶回國內，造福民眾。

除了專業知識，我印象最深刻的，就是新光醫院的護理師與技術員，人數真的好多，而且每位護理師都有自己的專科，這點讓在帛琉必須十項全能的我們非常羨慕。

我祈禱帛琉有一天也可以變成這樣。這裡的人手不太夠，因此經常要互相支援。在這組病房，我們每班輪值十小時，其他病房則輪值八小時；一般來說，我從早上六點半工作到下午四點半，但是今天我這裡的洗腎病房護理師突然請假，如果找不到人替代她，我就回不了家了！

帛琉國家醫院的麻醉科醫師默科，對台灣的醫療水準讚不絕口。

培養高素質人力

來過台灣好幾次的默科，不但是帛琉國家醫院的麻醉科醫師，也是帛琉轉診委員會的前任主席。更早之前，他曾到新光醫院進行觀摩訓練兩週，對台灣的醫療水準讚不絕口。

> 身為醫師，我對於院方的專業精神印象深刻，除了羨慕院內極為齊全的醫學圖書資料，也對醫師的素質之高，感到驚訝。因為我發現有不少醫生，是畢業自美國約翰霍普金斯醫學院的高材生。
>
> 看到台灣的醫療發展，我希望未來帛琉也能培養出高素質的醫療人力。我們曾經送一名麻醉師到台灣受訓一個月，他回來後，專業能力顯著提升，由此可以看出訓練對我們的重要。

為了提升帛琉的醫療能力，帛琉國家醫院可以向帛琉衛生部提出由新光醫院代訓的需求；新光醫院的教學研究部，就會盡快安排相關專科配合。

目前，新光醫院為帛琉國家醫院員工提供不少訓練課程，除了護理、醫療、藥學、復健、放射、病理等專科，為了深入公共衛生領域，近期更將代訓項目延伸到營養衛教，厚植帛琉自身的醫療能量。

為什麼新光醫院的訓練，參加的帛琉醫療人員絡繹不絕？從代訓營養師的課程設計，可以看出端倪。

量身訂作營養課

為了帛琉國家醫院營養衛教示範中心的開幕，也增加在地醫護人員的

營養衛教知識，兩位帛琉國家醫院的年輕護理師潔思琳・布博松（Jasrin A.
Brobesong）與潔米・德美（Jayme C. Demei），在二〇一四年來到台北，接
受為期兩週的訓練。

　　台灣營養師的訓練養成，通常要經過四年的大學教育，再加上醫院的實
習課程。

　　不過，兩位來受訓的年輕護理師只有兩週時間，怎麼把四年的豐富知識
濃縮成兩週的必備觀念，讓她們快速掌握基礎營養理論，回到帛琉能立刻上
陣，為病人進行飲食指導與營養評估呢？

　　雖然難度不小，負責接待與訓練的新光醫院營養師江幸芸、蔡宜璇沒有

新光醫院營養師夏子雯（左）正為帛琉學員解說專為她們打造的營養課程，希望這些實用知識
能讓她們一回國就馬上應用。

卻步，她們細心地為潔思琳與潔米，設計了獨特的課程。首先，在課程展開之前，她們先對潔思琳與潔米進行初步測驗，以精確了解她們的程度。

帛琉的教學系統中，沒有營養相關學科，因此只能派遣性質最相近的護理人員來受訓。在測驗中，兩位醫護人員幾乎交了白卷，她們除了不會計算 BMI 值（Body Mass Index，身體質量指數，計算公式是以體重（公斤）除以身高（公尺）的平方），六大類食物的內容也不清楚。

江幸芸與蔡宜璇於是對這次的訓練，訂下目標：兩位受訓學員至少必須對血糖的數值、BMI 值的估算，以及簡單的食物分類與搭配，具備基本概念。另外，也要加強她們對疾病與飲食之間的了解。

扣掉週末與適應期，這次的訓練大概只有十天，時間非常緊湊。因此，課程的設計，以代訓學員回國後可以馬上應用為準則。

短期間已有成效

她們從最基本教起，建立營養觀念，包括：評估與食物分類、BMI 與每人每天攝取熱量的需求，對應到六大食物如何分配攝取。然後，導向實務的應用，比方說：很多帛琉人因為肥胖而罹患心血管相關的慢性病，因此特別強調均衡飲食的觀念，以及低油、低鹽飲食與糖尿病飲食的搭配。

課程還包括實際操練：讓學員依照不同病人情境，進行操作演練。同時，也帶兩位學員前往傳統市場、超市、夜市，讓她們切身體驗台灣人的蔬果與營養攝取類型。

另外，因為國情的差異，課程解說也必須微調，讓她們更容易理解。比

方說，BMI 的標準，像台灣 BMI 若超過二十四就已屬肥胖，但在帛琉則屬於體重過重；另外，計算食物的份量，台灣採用一份制（Portion），帛琉則採用供應量制（Serving）。

專業加上用心的安排，課程結束時，江幸芸與蔡宜璇已經在兩位學員的態度中，看到一絲成果。

> 潔思琳與潔米是兩個很真性情的女孩，雖然課程有壓力，但跟我們相處得不錯。從旁觀察她們的學習，可以看出，短短的兩週，對兩位護理師已經有些衝擊，像其中一位的父親罹患糖尿病，她就想為父親改變飲食搭配。

她們最後熱心的建議，「兩週訓練時間太短了，如果時間再長一些，相信效果會更顯著。」

寧可給釣竿

負責帶領「新光帛琉國際醫療合作計畫」的副院長楊國卿，對於訓練計畫能帶來的長遠效益，的確充滿熱情和理想。

> 不論想學麻醉、心臟、腎臟、腸胃等專業，只要提出需求，我們都樂意幫忙。醫療團的醫師到帛琉，除了支援國家醫院，我也要求他們為當地的醫護人員上課，分享新技術與新觀念。
>
> 對我們來說，這不只是盡責任，而是真正感到高興，以我們的力量可以幫助帛琉人民。我們寧可給他們釣竿，而不是只給他們現成的魚。訓練是投資最少，但最有效益的交流方式。我希望，未

來不只轉診病患變成「新光之友」，曾經來新光醫院進行專業交
流與學習的醫護人員，也變成另一種「新光之友」。

以台灣經驗協助培養人才

台灣在醫療上的成就，固然可以幫助同為海島國家的帛琉人減少病痛，
不過，新光醫院的領導人不約而同地認為，長期還是應該著重在為帛琉培養
人才。副院長邱浩彰，也持這樣的態度。

台灣過去對高血壓的治療成效不佳，衍生很多慢性疾病。不過，
現在高血壓問題控制得很好，腦中風的比例也在下降，儘管心血

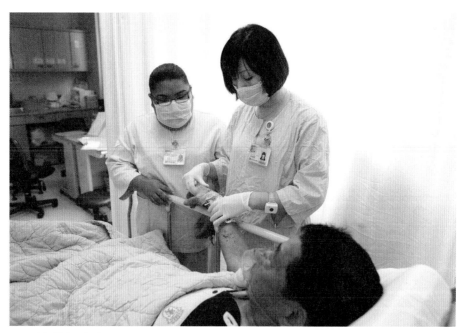

只要帛琉衛生部提出需求，新光醫院樂於提供訓練，協助友邦培養下一代醫療人才。

管疾病愈來愈多，但漸漸獲得控制。在糖尿病等慢性病的治療，
台灣也有很好的經驗。台灣三、四十年的發展經驗，有很多值得
與帛琉分享之處，可以提供他們適合的計畫。但長期的重點，還
是應該著重在培養帛琉自己的醫療人才。

提供在職醫療人員教育訓練，是培養人才的方法之一。近年來，帛琉更
把計畫，深入到大學校園。默科解釋，「我們很期待帛琉的下一代，選擇投
入醫療行列，以他們的力量來建立帛琉的醫療資源。」

帛琉醫療人員長期不足，除了人口少，主要原因在於高等體系教育
資源不足，最高學府只有一所兩年制的帛琉社區學院（Palau Community
College，PCC）；這所學院除了護理科系之外，缺乏其他醫藥相關學門，想
要鑽研這方面的學科，非得要到美國、關島、菲律賓等地方留學。

為了協助友邦培養醫療專才，台灣近年提供不少獎學金，讓包括帛琉在
內的青年前來深造。二〇一五年約有二十七名帛琉學生在台灣留學，包括台
北護理健康大學、高雄義守大學都有帛琉學生前來進行醫護相關深造，他們
獲得台灣政府的獎學金，而義守大學甚至為外籍學生開設四年制的學士後醫
學系課程。有一位帛琉學生曾赴北醫就讀公共衛生碩士班，已學成歸帛。

對於這樣的進展，楊國卿樂見其成，甚至提出進一步的建議，「如果這
些學生願意，取得執照後，他們可以來新光醫院受訓，或是我們派人到帛琉
去指導。」

讓醫療在帛琉生根落實，這不僅是新光醫院的終極理想，更是一群醫者
的仁愛胸懷。

台帛之間開出
一朵「醫療雲」

網路科技為跨國醫療提供了全新服務面向，
新光醫院不僅協助帛琉國家醫院在雲端備份病歷，
「醫療雲」還能分享轉診資訊、有助推廣營養衛教，
並對偏遠地區的潛在病人進行遠距診療。

　　二〇〇六年，新光醫院與帛琉還未展開轉診計畫之前，台灣就已經協助帛琉建置了 PACS 影像系統（Picture Archiving and Communication System，醫療影像資訊系統），希望讓放射科的影像、X 光片，都可以數位化、電子化、無紙化，而台灣百分之八十的醫院，現在也都配置這樣的系統。

　　這個系統，採用全球醫療院所普遍使用的醫療數位影像傳輸協定（Digital Imaging and Communications in Medicine，DICOM），因此不同的

帛琉轉診委員會前主席默科正在測試醫療雲的功能。從手寫病歷資料到邁向電子化建檔，新光
醫院一步一腳印，帶著帛琉國家醫院往前邁進。

醫療院所資料可以互通。

　　但是經過幾年，帛琉這套系統，包括硬碟與伺服器都發生問題，因此二
〇一三年，新光醫院的 SKMP 小組，決定請院內資訊部人員重新改建這套系
統，並協助帛琉國家醫院進行醫療病歷影像資料備份。

雲端備份病歷

負責這項計畫的新光醫院技術支援課襄理叢培瓏，指出這個任務的意義，「之前帛琉國家醫院僅保存一份資料，若是水災、火災、地震來襲，很可能就會佚失。經過我們協助後，現在帛琉國家醫院除了本機端的每日備份，還有外接硬碟備份，另外加上新光醫院代為保管的異地雲端備份，總共三份。其中帛琉持有兩份，台灣代為保管一份，資料安全多了保障。」

從資訊安全的範疇來看，這個系統規格較高，因此建置過程煞費苦心。

帛琉的網路速度緩慢，不太穩定，而且由於利用衛星通訊，網路頻寬無法很大，為了成功完成這項任務，新光醫院只好利用晚上網路離峰時間，為帛琉國家醫院進行備份。

這個計畫要順利進行，新光醫院還需要一個夥伴——中華電信。叢培瓏解釋，「中華電信與帛琉合作，讓我們可以透過衛星專線，將資料傳到陽明山的接收站，再從陽明山接一條 E1 專線到新光醫院，提供帛琉醫療專用，這才使雙方的資料傳輸變得順暢。」

打造無國界醫療環境

為了進行雲端備份等工作，新光醫院捐贈了兩組新的伺服器給帛琉國家醫院，除了協助備份資料，也定期監控伺服器的運作是否正常。

剛好，這措施配合了二〇一三年五月的轉診計畫啟動，建置為一朵「醫療雲」。

「醫療雲」在轉診運作的前端，就大有用處。

病人轉診到台灣前，可以先透過帛琉國家醫院，將 X 光片、電腦斷層掃描等病歷資料傳送到新光醫院，再交由各科醫師判讀，快速決定如何為病患安排治療程序；新光醫院也可以透過雲端的病歷摘要，先估算醫療費用。

另外，這朵雲也對醫療的透明化，助益良多。

以往帛琉民眾前往菲律賓轉診，最為人詬病的就是，菲律賓的醫療過程與價格不透明，病人不清楚自己的醫療內容，更無法判別收費是否合理。

有了這朵「醫療雲」，無論是病人的手術報告、術後圖片，甚至是在台灣所做的檢查影像，帛琉的醫師與轉診委員會都能即時查詢；另一個附加價值是，帛琉國家醫院的醫師，可以透過了解台灣的醫療處置方式，提升自身專業能力。

「醫療雲」的建置，甚至還細心地設立了討論區。在這個平台上，雙方醫護人員可以針對病人的檢查影像、治療與診斷的處置進行研討。因此二〇一四年，除了新光醫院與帛琉國際醫療合作推動小組，通過國家品質標章認證，新光醫院資訊部所負責建置的國際醫療雲，也因為「打造無國界醫療環境」，同樣獲得國家品質標章認證，受到高度肯定。

這個資訊系統的合作，全球罕見，因為雙方若沒有充分的信任，不可能進行。院長侯勝茂解釋了背後的意涵：「醫療紀錄一向被視為隱私的資訊，以常理來說，你不可能把很私密的資訊，交給陌生人；當你願意把私密的資訊交付給別人，代表你將對方視為好朋友，建立了信任。」

「全世界大概找不到其他國家，能把資訊交給另一個國家的醫院，這表

示我們兩國之間，已經有了非常高度的信任，」副院長楊國卿開心地表示，
「坦白說，能夠藉由我們的力量，實際幫助一個國家，讓人很有成就感。」

　　這套系統已經開始運作，新光醫院卻不敢放鬆，面對陸續浮現的大大小
小問題，步步為營。

　　像是帛琉的網路通訊不穩定，除了速度比較慢，天候狀況也會影響連線
品質，比方只要下起大雨，網路就可能停擺。

　　不過整體而論，中華電信的衛星專線，已經對台帛「醫療雲」起了非常
大的幫助。

新光醫院為帛琉所建製的國際醫療雲系統，獲得國家品質標章認證的肯定。

始料未及的挑戰

硬體建置的困難已經克服，改變人的習慣或建立制度，則是接下來的挑戰。例如，帛琉國家醫院的病歷資料多半還是手寫，醫師不太願意使用電腦建立檔案，因此需要掃描手寫病歷資料，進行電子化。

這種掃描圖像，有時候不易判讀，若筆跡比較凌亂，在掃描成 PDF 檔案的過程中，檢驗數值變得模糊不清，讓「醫療雲」的美意打了折扣。

叢培瓏打了一個妙喻：「這就像我們打造了一條高速公路，但現在只在上面騎腳踏車；如果有一天，帛琉人願意在上面開大車，當然更有效率。不過往好的方面看，至少我們已經把公路開出來，方便交通。」

還有一個始料未及的人為因素，也影響了「醫療雲」發展的潛力。

新光醫院考量這套系統必須達到國際標準，因此在設計上極為細心，比照台灣的規畫標準。但帛琉第一線的使用人員，反倒要求系統更簡單一點。

比如說：原本設計的系統，希望能完整填寫詳細的相關數據、資料，像家族病史、就醫紀錄等，負責治療的台灣醫師，才能做出最適合的治療決定。但帛琉的醫護人員，卻希望省略這些欄位。這種雙方生活態度與工作觀念的差異，尚待磨合。這些合作的細節，儘管顯現出兩地的認知落差，但在整體的長期規畫上，這套系統的效益仍指日可待。

在楊國卿的藍圖中，這朵「醫療雲」及未來雙方的合作，還可以延伸出許多應用面向。

首先，它不只方便分享轉診資訊，對於新光醫院協助帛琉推廣營養衛教，同樣大有可為。「病人在帛琉進行門診後，如果醫師認為患者需要接受

營養衛教，可以到帛琉國家醫院的營養衛教室，透過連線，查看包括血糖、血壓等檢驗數據，由營養衛教人員提供相關諮詢，」楊國卿指出。

進步來自夢想

另外，利用醫療雲，也可以對偏遠地區的潛在病人，進行遠距診療。

楊國卿前往帛琉考察時，曾經拜訪比較偏遠的離島。想到糖尿病、高血壓是帛琉人普遍的健康問題，做為醫者，他立刻思考，未來如何幫助這裡的人，「我就想，何不在帛琉偏遠的五家衛星醫務站，設置血壓、血糖等無線

主導醫療雲計畫的新光醫院副院長楊國卿（右），期待網路科技的應用，能為帛琉人民更便利的提供即時醫療協助。

監控的系統與器材？村民可以就近到醫務站量血壓、血糖，資料上傳到雲端後，醫師就能掌握島民健康狀況，針對潛在的患者進行輔導與診療。」

對曾經到新光醫院求診的帛琉病人，楊國卿也希望有朝一日能用轉診雲進行回診追蹤，「我們希望先做到遠端監控，因此指派台灣的主治醫師，定期透過血壓、血糖等檢查數據的監測，觀察帛琉病人的病情、用藥狀況，並透過電子郵件，與帛琉醫師討論用藥劑量的調整等細節，達到更周全完善的醫療照護。」

這些「浪漫」的想法，也許因為客觀環境的條件還未成熟，不得不延後，但實現的那一天，也是病人福祉真正落實的一天。正如副院長邱浩彰所說，「如果我們的努力，能讓帛琉這樣在自然環境上得天獨厚的國家，在醫療上更無後顧之憂，那麼這個友邦，就更名副其實是太平洋上的熱帶天堂了！」

進步來自勇於夢想、富於想像，卻也必須腳踏實地、勤於扎根，楊國卿寄望於長期的努力，「透過教育與溝通，讓雙方的想法更趨於一致。」

第四章
守護下一代的健康

流傳千百年的飲食習慣與基因，
為適應環境生存而來；
隨著時代變遷，
如今卻可能成為危害生命的殺手。
下一代的健康，需要用心守護。

一個世代，改變一個國家

想深入新光醫院前往帛琉推動營養衛教的來龍去脈，
就得先了解當地人的飲食習慣潛藏了哪些健康危機，
為什麼將帛琉的傳統主食端上餐桌如此重要。

　　帛琉建國至今，只有二十多年，人口約兩萬人，但這個樂天知命的島國，
據世界衛生組織統計，竟名列全球最肥胖國家第七位。這對外人來說，實在
很難想像。

　　帛琉的肥胖問題，究竟有多嚴重？

　　世界衛生組織建議以 BMI 來衡量肥胖程度，以此標準計算，帛琉有高
達八成人口的 BMI 超過二十七（屬於過重），幾乎每三人就有一人過重。

　　更可怕的是，伴隨肥胖而來的心血管疾病、高血壓、糖尿病與腎臟病，
帛琉就有百分之七十三的民眾死於這些慢性疾病。難怪時任衛生部部長倪爾
莽將肥胖問題，視為比海平面上升更嚴重的國家存亡問題。

　　醫療資源不足，外界可以伸出援手，像新光醫院一直以來所做的，在帛
琉駐診、派遣行動醫療團、協助當地完善基礎醫療制度、醫療人才培訓與轉
診合作等。

但新光醫院思考得更長遠，這些成功的計畫，並無法阻止慢性病產生，想要根本解決帛琉人的健康問題，勢必得靠他們自己。

下一步，該怎麼做？

新光醫院從帛琉小學的孩子們身上，找到了解決之道。而在這之前，必須先了解，眾人所面對的是一項多麼艱困的任務：向帛琉人的基因挑戰。

基因與生存

不光是帛琉，肥胖問題在近幾十年內，席捲諸多海島。

根據世界衛生組織統計，美屬薩摩亞（American Samoa）為全世界最肥胖的地區，百分之七十五的島民超過了肥胖的認定標準；同樣位於南太平洋的諾魯（Nauru）與庫克群島（Cook Islands）則緊追在後，以百分之七十一與百分之六十三的肥胖人口比例，分居全球最胖國家第二與第三位。

為什麼海島居民容易產生肥胖問題？

新光醫院營養師廖淑芬以帛琉人為例分析：「有一派理論認為，過往食物取得沒有那麼容易，帛琉人必須出海捕魚、農耕、採集，才能滿足生活所需，因此體質上，也許在基因內，就有儲存能量的機制，以應付艱困的環境。」

依照這派理論的說法，這些島國因孤懸海中，地理環境特殊，只能仰賴捕魚與栽種樹薯、芋頭等根莖作物維生，也經常面臨食物短缺的危機。因此，在物競天擇的演化下，島民的基因變得比較容易囤積脂肪與熱量，以因應不時之需。

換言之，如果基因讓你儲存較多能量，面對生存危機時，可以撐得比較久，自然就能存活下來；反之，則會被淘汰。

歷史情結

但問題從來不會只有一個面向。

若說帛琉的肥胖問題是基因造成，那麼，與帛琉人同屬南島語系的台灣達悟族應該也有肥胖問題，實際情況卻不是如此。所以還有其他原因，影響了帛琉人的體型。

當我們放大眼光，從歷史進程與營養學的角度來看，將發現帛琉，甚至整個太平洋島國的肥胖，與其殖民歷史有錯綜複雜的糾結。

這些島國在二次大戰後，都曾經被美國、英國、法國、澳洲、紐西蘭等國殖民或託管，這些國家對當地文化與飲食，帶來直接與間接的雙重影響，造成該區域肥胖比例直線上升。

英國牛津大學研究人員認為，殖民者將西式食材引進這些島嶼，使得島民的食物攝取來源，諸如鮮魚、蔬果，逐漸被麵粉、稻米、砂糖、罐頭加工肉、罐頭水果、含糖飲料、啤酒所取代。

同時他們又教導島民改變烹食習慣，例如：以油炸方式處理漁獲，漸漸使他們放棄生食鮮魚的傳統習慣。

以帛琉為例，飲食習慣受美式文化影響很深，漢堡、薯條、披薩、可樂、含糖飲料、碳酸飲料、啤酒等，已經成為帛琉人慣常的飲食。

這樣的改變，來得又急又快，這些島嶼多半很小，居民又多屬於緊密連

高熱量、低營養的西方飲食型態，以及重口味的肉食，是導致帛琉人肥胖的關鍵因素。

結的宗族，很容易互相影響，只消一個世代不到，就完全向西方飲食型態投
降。正是這些高能量、低營養的「新食物」，以及不健康的烹調方式，埋下
帛琉人肥胖的伏筆。

農漁業的困境

西方人不只改變了島民的飲食習慣，也改變了他們傳統的生活型態。

農業逐漸衰微是這些島國面臨的共同問題。由於四面環海、鹽分較高，
本來就不易種植作物，加上西方人在當地開採礦產，使得用於農耕或食物採
集的土地，變得愈來愈貧瘠。

帛琉還面臨了土地取得不易的問題。樹薯與芋頭是帛琉早期的主要食物
來源，也是文化中很重要的一部份，但現在，「就算他們想種植樹薯等傳統
作物，也要擁有足夠的土地，沒有土地就無法耕種，」廖淑芬補充。

原來為了防止炒作，帛琉土地大多為國有地，少數為部族共有，前者帛
琉人可以用便宜的價格租用，後者因歷經殖民統治，傳統繼承模式隨著現代
化而瓦解，土地所有權糾紛成為帛琉社會的難解題。

那麼漁業呢？

西方人頻繁使用大型輪船運輸，已嚴重干擾了海洋生態，破壞珊瑚礁群
的生長與聚集，間接使得倚賴海洋生態系統存活的生物逐漸減少。

在帛琉，如果仔細觀察，可以發現一個現象：明明四面環海，人們卻很
少吃魚，更偏愛肉食。

帛琉的先祖其實是愛吃魚的，他們會到海中釣魚，以新鮮漁獲做為食

物。然而，現今考量自己的荷包，當地人的選擇改變了。肉類在當地相對便宜，超市裡，青菜與肉的價錢差不多。因此，如果要攝取蛋白質，帛琉人自然會選擇看似「性價比」較高的肉類。

傳統生活型態逐漸改變，可是，基因卻沒那麼快跟著變。

如今的帛琉，不再需要狩獵等大量體力勞動，飲食所攝取的熱量，卻遠超過勞動所需，「過多脂肪與熱量囤積在身上，造成帛琉人普遍體重過重，這都是帛琉人糖尿病、高血壓患者比例節節升高的原因！」廖淑芬語重心長地說。

重口味的肉食

除了先天基因與外來文化，影響帛琉人體型的因素，還包括他們如何看待「吃」這件事。

帛琉人用一種質樸的態度來面對「營養」與「食物」。在他們的世界觀裡，多就是好，豐盛就是幸福。

帛琉屬於宗族部落的母系社會，舉凡家族聚會，像是喪禮或為新生兒慶祝，就會以烤乳豬、海鮮等大餐，凝聚宗族情感。這樣的聚會，通常以動物性食物來源為主，不太吃蔬菜。這成為帛琉飲食的一大特點：無肉不歡，而且口味偏重鹹、重油。

以帛琉人的午餐為例，通常是一份白飯搭配一樣主食，諸如炸火腿腸、雞排、豬排等，跟台灣的便當有點類似。不同的是，帛琉便當往往只見肉，不見菜。

「帛琉當地口味偏鹹、甜、油，有可能是赤道地區氣候炎熱，味覺需要
更多刺激才能滿足有關。你可以看到當地人吃東西非常喜歡加醬油，而且幾
乎每樣東西都會加糖，一邊吃比薩，也可以一邊灑糖，」新光醫院營養師夏
子雯分析，「當地人口味偏鹹，還有一個原因，可能是因為流汗較多，當人
們體內的鈉含量比較低時，生理機能會驅使他們偏向選取較鹹的口味。」

廖淑芬則從飽足感來看待這個問題，「經濟比較不佳的國家，通常喜歡
利用高熱量食物來填滿肚子。蔬果這些食物，雖然健康，但屬於低熱量，無
法填飽肚子；薯條、油炸食物、油脂類、米飯等食物，屬於高熱量，比較容
易吃飽！」

超市滿滿的罐頭區

帛琉與台灣早期的飲食文化變遷歷程，其實很類同：從西方國家傳入的
飲食，以高油、高鹽取代了原本清淡的飲食，造成了很難逆轉的改變。

速食食品或加工食品很容易改變人們的生活習慣，這現象不只發生在帛
琉，全球皆然。

廖淑芬認為，從經濟面的短淺眼光來看，帛琉氣候炎熱，從事農作既辛
苦，又要冒很多風險，算是靠天吃飯的工作。兩相比較之下，進口的罐頭唾
手可得、價格不貴、味道不差，因此帛琉人寧可吃罐頭而不願食用新鮮蔬果，
也就有跡可循。

「如果我們放下既定印象，用台灣從早期農業社會轉變到工商社會的歷
程來類比與體諒，就不難了解帛琉人在面對全球化的浪潮時，為何選擇捨棄

自己在傳統上較符合健康原則的飲食模式，」廖淑芬說。

　　有時候，這並不單純是價格問題，還要考慮食物取得的難易度。以「鳳梨」這種熱帶常見作物來說，為什麼帛琉人寧可選擇泡在糖水中的罐頭鳳梨，而不願買多汁美味的新鮮鳳梨？除了罐頭食物價格較便宜，新鮮蔬果也不是想吃就能買到。

　　廖淑芬觀察到，「帛琉新鮮蔬果的價格，往往是台灣的兩倍，而且多半來自海外，價格居高不下。這也是為何很多帛琉年輕人的午餐，選擇以白飯配上鮪魚或牛肉罐頭，再加上一瓶飲料打發的原因。」

　　從帛琉的超市就可以窺知一二：生鮮食品不多，各地進口的速食麵、罐

帛琉的超市裡，放眼望去滿滿都是罐頭食品，這與價格便宜以及新鮮蔬果取得不易有關。

頭、零食、碳酸飲料、含糖飲料卻堆滿貨架。尤其是罐頭區，SPAM 等品牌午餐肉，占據顯著位置，各種口味一應俱全，一字排開，陣仗驚人。當然，各種加工牛肉、香腸，以及鯖魚、鮪魚等罐頭，同樣琳琅滿目。

似是而非，潛藏危機

如同認為罐頭食品可以取代主食一樣，帛琉人的生活裡，還存在許多似是而非的「營養」觀點。

譬如，帛琉家長普遍都會透過食物來表達對孩子的關愛。

雖然學校全面禁止含糖飲料，但帛琉孩子還是成天喝七喜、可口可樂等碳酸飲料，卻看不到父母制止，「他們認為讓孩子吃喜歡的食物，就是愛孩子的表現！」廖淑芬嘆息著說。

帛琉人並非對於營養失衡完全不知，我們在採訪過程中，接觸帛琉一所私立小學的校長，因為曾到美國留學，視野比較廣，她隱隱察覺孩子的飲食有問題，也想要改變現況，卻不知從何著手。

她在談話中提到，有一位需要洗腎的朋友，家人為他準備了很多肉類等豐盛食物，雖然她心裡納悶這樣做是否正確，但帛琉人認為病患身體比較虛弱，應該用豐盛的食物「補身」，這又是另外一種典型「把食物當作愛」的表現。殊不知這樣的飲食，會對身體造成更大的負擔。

另外，營養標示的似是而非，也造成了當地人錯誤的認知。

幾十年前，台灣曾經流行「果汁粉」、「檸檬茶粉」，孩子喜歡買來泡成飲料。帛琉人超級喜歡這些粉末，直接打開沾著吃，享受甜甜的口感。他

們看到商品標示上，註明富含維他命 C 或鈣質，就對這類產品完全不設防；殊不知大量糖分，成了更可怕的潛在殺手。

危機席捲而來

與肥胖相關的心血管疾病，已成為全球及帛琉的最大死因之一。而過度加工、含糖量過高的速食與飲料，正是導致肥胖與心血管疾病的罪魁禍首。

如果稍微檢視一下非西方國家的傳統飲食，就會發現這些國家所攝取的食物，大多是非多重加工的食物，含糖量也明顯較低。許多中年以上的帛琉人，他們的上一代並不特別肥胖，因為他們沒有那麼多垃圾食物可以攝取。

新光醫院教育研究副院長邱浩彰（前排左三）前往國合會駐帛琉技術團的示範農場，與技術團成員討論帛琉小學營養教育計畫事宜。

　　驚人的是，只經過一個世代的飲食改變，就足以將太平洋島國帶向肥胖
與糖尿病、高血壓的危機。

將芋頭再度端上餐桌

　　想改變這種現象，只有從飲食著手，別無他法。

　　因此來自台灣的農業技術團扮演一個關鍵角色，就是協助帛琉政府推動
栽種蔬果，將農業、養殖的技術教導給帛琉人。這其中最具代表性的，就是
讓帛琉人重拾「芋頭」這種食材。

　　在帛琉人傳統部族社會中，出生與喪禮兩個重要儀式，都少不了芋頭的
存在。可是曾幾何時，帛琉人逐漸減少攝取根莖類食物，改為攝食加工食品
與米飯。

　　農業復耕，這不只是帛琉人的期待，也是太平洋島國目前共同想要推動
的目標，將原本的主食作物，諸如樹薯與芋頭，再度端上餐桌。

跨 國 連 線

把傳統食物找回來

帛琉校園計畫，

不僅能從教育扎根，

改變帛琉下一代人的飲食與運動習慣，

也讓台灣與帛琉民間建立更深厚的關係。

希望看見不一樣的餐桌，這樣的期待，看在台灣人眼裡，也很有感慨。

早期的台灣屬於農業社會，生活簡樸，根莖類的番薯曾經是台灣人的主食之一，同樣的，台灣人也曾經營養極度不均衡。

隨著社會進步，教育普及，衛生醫療發達，台灣人懂得多食用蔬果、挑揀瘦肉吃，更講求養生之道，既要吃得美味，也要均衡、健康、安心。

台灣的營養學專業，累積四十年的歷史與經驗，從營養不足到營養過

新光醫院藉由同等重量製成的食物模型,讓帛琉人透過視覺,重新建構營養概念。

剩,這中間所累積的另類「台灣經驗」,也很值得分享給其他友邦。

營養,治病良方

營養學在台灣發展到現在,對醫院中的病人來說,它是一帖治病良方,
地位、功效與藥物不相上下。

　　但，飲食其實也是一種文化，根深蒂固存在我們的社會當中。

　　「從營養師的角度看，社區營養是最難做的領域；要教人如何吃得健康，必須了解其文化背景，否則就算對方了解營養的道理，依然無法應用在自己的生活中，也沒有動力去改變，」新光醫院營養師廖淑芬心有所感表示。

　　因此，從文化中深耕，是協助帛琉最有效的方式。

　　「我們先從患病的成人著手，教導糖尿病等患者控制飲食，因為我們從實地經驗中發現，當地病患有一些不正確的觀念，需要用教育導正，」廖淑芬說：「而且，社經地位比較高的病人，也會想透過飲食來均衡營養，只是帛琉以往資源有限，他們不知道要到哪裡求助。」

新光醫院教育研究副院長邱浩彰認為，校園計畫將讓帛琉下一代握住通往未來的鑰匙。

不是不做，只是不知道如何做

　　帛琉老一輩人的想法是，身材健碩，才是健康、富有的象徵，但這種觀念也在逐漸轉變。

　　二〇一四年，廖淑芳再度前往帛琉，發現小學教職員對減肥興趣濃厚。

　　「我帶了食物模型與簡易量表，向他們進行簡單衛教；六位教職員中，只有一位的 BMI 值是二十二，其他多數都超過三十，達到當地肥胖的認定標準，」也因此，廖淑芬開始思考，或許帛琉人不是不想減重，只是不知道怎麼做，或缺乏諮詢管道。

飲食觀，一場拔河比賽

　　帛琉國家醫院營養衛教室的建立，以及帛琉營養師的代訓，就是一個好的開始。

　　為了協助帛琉對抗肥胖，新光醫院推出一系列措施，改變他們對食物與營養的認知。

　　首先，就是在帛琉國家醫院內建立營養衛教室，協助糖尿病等患者建立均衡飲食的觀念。

　　慢性病治療，就像一場藥物和飲食的拔河比賽；一邊是生活習慣跟飲食，一邊是藥物，即使努力用藥物控制身體，但不良的生活習慣與飲食，又會把身體拉向不健康的方向。如果兩邊均衡，這場拔河才會慢慢往中間移動，看見勝利的可能。

為了協助帛琉對抗肥胖，新光醫院在帛琉國家醫院內建立營養衛教室，協助帛琉人建立均衡飲食的觀念。

「想要改變當地人的飲食習慣,推動社區營養的觀念,必須由在地人親自執行,才能真正達到效果,因此我們希望培養當地的護理師,指導院內病患在飲食上均衡節制。不管這會成功還是失敗,總是要試著開始,一邊做,一邊修正做法,」新光 SKMP 小組執行長陳仲達說,「當地從沒有過這樣的計畫,所以我們先不考量績效。最主要是想讓帛琉人了解,高血壓、糖尿病、心血管等疾病的預防與治療,除了藥物之外,最重要的還是要從飲食著手。」

為他日的改變而努力

不過,這件事不可能立竿見影,也不是單方面輸出台灣經驗就能辦到。

要解決營養不良對帛琉的嚴重威脅,必須以當地人的飲食習慣與可以取得的食物為根本,進行調整與搭配。

只是,推動改變,要有長遠的眼界,也要有現實的眼光。

長期目標,是改善帛琉國民的營養攝取與健康狀態;而現實的挑戰則是,這個計畫可能造成改變,卻不可能全面奏效。因此,「第一階段的做法,是針對疾病患者或住院的成年人,在帛琉國家醫院建立營養衛教示範中心,透過食物模型的範例,講解如何均衡搭配食物,」新光醫院醫療副院長楊國卿說,連電視節目都在宣導這個消息。

為了讓帛琉人對食物與熱量更有概念,新光醫院派遣營養師到帛琉,記錄島民常吃的食物,依照同等重量製作食物模型,讓他們透過視覺,建立營養概念。

比如說,只要拿出他們常吃的芋頭、披薩、壽司、魚,並且進行搭配組

合，就能很快了解每一餐究竟攝取了多少卡路里，應該怎麼控制熱量，才不會過重。

建立營養概念

為了讓計畫成功，有必要雙管齊下。

「我們希望，透過新光醫院駐帛琉的協調人，持續追蹤曾轉診到台灣的帛琉病患動向，利用他們到帛琉國家醫院回診的機會，進行機會教育，灌輸均衡飲食的重要，」楊國卿強調。

為了做到這點，帛琉也遴選國家醫院的護理師到台灣接受訓練，由新光醫院的營養師教授基本營養衛教觀念，例如：怎樣利用食物模型計算熱量、依照病人體重控制飲食的概念。

這樣一來，帛琉護理人員就可以更直接教導島民營養衛教觀念，就近提供衛教服務。

再來，新光醫院積極地更進一步，在二○一五年三月進入帛琉校園，啟動校園計畫，把焦點轉向兒童，讓下一代及早養成均衡的飲食習慣。

在帛琉科羅市，最大的小學多達六百多人，不過，這次他們選擇了一所一百六十人左右的中型小學，進行這項實驗計畫。

「這所小學除了地點靠近市區，學生來自的家庭多半社經地位不高；如果這個學校可以推展成功，就可以建立一套成功模式，說服其他資源更豐富的學校一同加入，那麼，成功推廣到整個帛琉的機會就更大，」陳仲達說明做出這個選擇的主要考量。

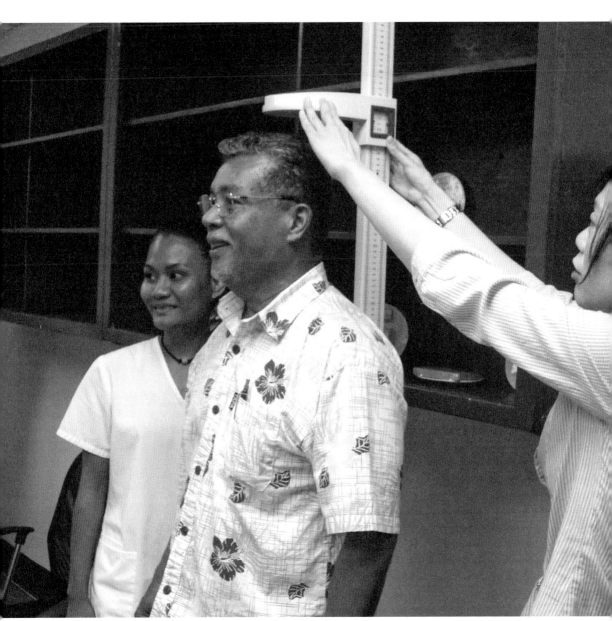

帛琉國家醫院的營養衛教室正式啟用，時任衛生部長倪爾莽（中）當場測量身高，親身體驗衛
教室的服務。

喚起對健康與營養的興趣

這波行動由新光醫院營養師廖淑芬規劃，再加上外交部與衛福部的參與，請來兩位具有醫學背景的替代役男莊凱復、陳彥中進駐校園，執行計畫。

「這兩位替代役男都是醫學系畢業，這樣很好，也許可以用比較親近孩子的方式，影響到他們的下一代；帛琉國會議長曾告訴我，他們有一些年輕人看到台灣醫療團在帛琉的表現，開始對醫療產生興趣，」楊國卿期待，這個計畫，可以激發帛琉下一代對健康、營養相關議題的興趣與好奇。

透過這個計畫，除了要教導孩子正確的營養衛教知識，還將運動、課外活動融入其中，例如：扯鈴、跳繩。

「在課程的規畫上，我們本來以為帛琉年輕人比較慵懶，可是在當地市集晚會上，我們觀察到，帛琉年輕人其實很會跳舞，孩子們都以羨慕的眼光，看著大哥哥、大姊姊在台上舞動，因此我們想到，可以藉由鼓勵他們參與舞蹈等活動，達到推廣運動的目的，」新光醫院教育研究副院長邱浩彰說。

楊國卿也解釋：「我們鼓勵孩子運動，以遊戲與課程，引導學童學習扯鈴與跳繩等課外活動，讓孩子了解運動與飲食不可偏廢。」

此外，還有一項重要設計，就是校園耕作與校園營養午餐。

讓孩子對蔬果不再陌生

在學校後方的園子內，種植了芋頭等根莖植物與蔬菜。雖然二〇一五年的芋頭種植計畫九月收成，但早在四月份開始，台灣駐帛琉技術團耕植的蔬

菜、水果,就已進入校園營養午餐中,讓孩子增加蔬果的攝取量。

「我們在校園課程裡,設計種菜、種芋頭的活動,因為農地耕作是一種勞動,除了體力的付出與運動,也讓孩子知道多吃蔬菜、水果的重要,」楊國卿表示。

只是,執行的過程,不如想像中容易。

「帛琉的蔬菜、水果供應有限,需要協調台灣駐帛琉技術團提供他們耕種的蔬果,維持穩定的食材供給,」楊國卿舉例說明箇中艱辛與克服之道。

短期內,這個計畫的效果沒有人可以預料。但是長期累積下來,至少孩子對於蔬菜、水果將不再陌生,且可能影響到未來整個帛琉的家庭食物選擇取向。

通往未來的鑰匙

治療疾病與營養衛教,是健康照護的不同面向;前者是事後治療,後者則是事前預防,而預防醫學不僅是嶄新的健康生活觀念,也是全面的健康生活體悟。

「治療可以非常具戲劇性,本來奄奄一息的病人,到醫院裝個心臟支架,可能馬上就活過來;營養衛教則可以讓一個國家有根本的改變,」陳仲達如此形容。

這也是新光醫院與帛琉醫療合作五年計畫中的創舉,「即使是小型一點的模式也沒關係,最重要是向下扎根,步步為營。因此,我們決定由小學切入,改變營養午餐的內容,」陳仲達滿懷期盼,因為一旦有成效,就能讓帛

琉人相信，這計畫有成功的可能。

　　無論在什麼地方，改變生活型態都是最困難的事。「要向不喜歡攝取蔬菜類食物的帛琉人，宣導均衡飲食概念，並在校園中推動營養午餐，整學期下來的代價十分可觀，除了全年蔬果的費用，還包含了營養師、替代役以及駐帛琉協調人等人力，及相關課程與活動規劃。」邱浩彰感嘆。

　　然而，即使遭遇許多艱難，新光醫院始終不改其志。

　　「這是最基本的向下扎根工作，如果做好了，就可以逐漸改變他們的生活型態、飲食習慣。對下一個世代來說，就好像握住一把通往未來的鑰匙，」邱浩彰表示。

營養衛教室的開幕，象徵新光醫院與帛琉的醫療合作，又跨出新的一步。（左四至左七為 SKMP 小組執行長陳仲達、時任帛琉衛生部長倪爾莽、新光醫院教育研究副院長邱浩彰、中華民國前駐帛琉大使田臺清）

點、線、面，改變一個國家

更重要的是，這是從點著手，到線、再到面，從根本上去影響一個國家。

能從基礎改變一個國家，是很難得的機會。但，這並不是要滿足醫護人員的成就感，而是「因為帛琉不大，如果成功，就可以有效預防這個國家的糖尿病、心臟病罹患率，真正達到我們進行國際醫療合作的願景！」楊國卿感到任重而道遠，卻也無比期盼。

「營養衛教，是可以在當地生根的醫療協助，就算新光的醫療人員未來不能常駐帛琉，依然能夠對整個國家產生很深遠的影響，」楊國卿說著，眼中閃動熱情的光芒。

因為，營養衛教做得好，不僅在治療這一代人的疾病，還能守護下一代人的健康。

面對這個漫長、但十分必要的過程，新光醫院院長侯勝茂有很深的期許：「校園計畫的效果，也許要十年、二十年才會顯現。但這不僅是從教育扎根，改變帛琉下一代人的飲食與運動習慣，也是很特別的深度耕耘，讓台灣與帛琉民間建立更深厚的關係。」

幕 後 人 員

把健康帶回家

帛琉校園計畫是個長遠而深入的計畫,

不僅讓孩子吃得營養、維持運動習慣,

終極目標在於改善他們的飲食觀念。

這是一場與時間賽跑的挑戰。

　　二〇一五年三月,已經是第五度前往帛琉的廖淑芬,這次有個全新任務,要讓兩位替代役男,順利進入帛琉公立小學,執行難度頗高的營養教育計畫,試圖透過孩子,把新學到的觀念帶回家。

　　這項計畫,在帛琉第三大的公立小學進行,為了順利推動,有不少前置工作要準備。

　　首先,在進入學校進行營養教育計畫之前,必須先做兩件事:第一,就

是這項計畫必須通過人體試驗委員會（Institutional Review Board，IRB）審
核，檢查是否會侵犯人權、傷害孩子。

　　第二，展開招募計畫，因為帛琉人相當尊重孩子的民主與人權，必須出
於孩子自願，才能讓他們加入計畫。

　　還好，計畫獲得這所小學校長的大力支持，最後全校有五十一位學童全
員參與。

適合帛琉孩子的計畫

準備工作做到這裡，還不夠。

接下來，必須調查、了解帛琉人的生活習慣，才能設計出真正適合帛琉的計畫。

「我們在介入之前，先在學校進行問卷調查，除了詢問孩子攝取蔬果的頻率和運動狀況，還會了解他們房間裡有沒有電視或３Ｃ產品。因為如果孩子的生活空間裡頭有這些東西，很直接的影響，就是運動時間會減少，」廖淑芬把計畫的重點，放在兩大主軸：規律的運動與增加蔬果攝取。

小學一年級（六至七歲）的帛琉孩童，體型大多還算標準；但是，到了

除了監督營養午餐製作流程，替代役男也會監控廚餘的內容與數量，再將結果與廚師溝通，進行調整。

八年級（約莫國中年紀），女孩子就會變得比較胖，可能是飲食的關係，也可能是青春期荷爾蒙的作用。

「台灣跟帛琉的孩子，肥胖的原因不同。台灣的孩子有升學壓力，因此多以靜態的課堂學習為主，缺乏運動；但帛琉的孩子沒有升學壓力，在學校活動與遊戲的時間很多，因此推論他們運動的時間數可能足夠，」廖淑芬說。

因此這項計畫與課程的第一階段，是先讓小朋友認識蔬果，讓他們喜歡攝取即可，並以營養午餐來調整他們的飲食習慣。

根本不吃午餐怎麼辦

這樣的規畫，看似理想，在現實中卻有不同的狀況。

原來，帛琉的公立小學，原本就有帛琉教育部提供的免費營養午餐；一球米飯、一道菜，最重要是還有一杯冰開水，孩子一定要喝完水才能離開。

可是，帛琉小朋友早上七點半上學，十一點半午餐，在這之間，有時家長還會幫孩子準備點心，再加上下午兩點半就放學了，即使不在學校吃午餐，也很快就可以回家吃。這些情況，就會影響孩子食用營養午餐的意願。

「為了讓孩子喜愛健康的營養午餐，我們請替代役男監控廚餘量與廚餘內容，再將結果與廚師討論，或讓孩子參與票選，了解他們的喜好，以增加食用營養午餐的誘因，」廖淑芬說：「這也是對廚師的激勵，讓他們掌握孩子的喜好，改變口味與烹調方式；看到自己烹煮的菜色被孩子吃光，他們會更有成就感！」

美國農業部 Choose My Plate 網站，為了鼓勵孩子多吃蔬果，讓孩子藉

著遊戲參與耕種或製作蔬菜沙拉。新光醫院的做法，有異曲同工之妙。

　　「我們的計畫，也鼓勵小朋友在校園農場栽種蔬菜與作物，讓他們了解這些食物的生長過程，對食用蔬果就不會那麼排斥。同時，也藉此增加他們戶外勞動的機會，」廖淑芬強調「從做中學習」的概念。

天天五蔬果

　　不僅如此，還搭配台灣「天天五蔬果」的概念，強調每天至少要吃三份蔬菜、兩份水果，以有效預防慢性和心血管、癌症、肥胖、糖尿病等疾病。

　　這個計畫，讓全校八個年級學生輪流上課，每週一次課程。

校園計畫中，強調讓孩子每天至少吃三份蔬菜、兩份水果，藉此調整他們的飲食習慣。

　　當然，課程之外，也有激勵制度：如果小朋友每週吃下一定數量的蔬菜水果，或達到某個規定的運動量，就會發給點數。集滿足夠點數，可以獲得獎品。

　　目前，這個計畫先以兩學期為單位，四到五月是第一期，五到八月為帛琉小學的暑假，沒有學校的營養午餐，就要透過家庭訪視來評估、修正，鼓勵孩子在家中繼續保持運動和攝取蔬果的習慣。

大家來扯鈴

　　對孩子來說，要吸引他們運動，必須先讓他們覺得那運動不會枯燥無

校園計畫也鼓勵學童在校園農場栽種芋頭等傳統作物。

新光醫院幫帛琉學童們打造的營養課程裡,還穿插互動的遊戲設計,讓孩子可以更容易了解並
學習這些健康知識。同時利用孩子的好奇心,設計了扯鈴課程,鼓勵他們運動。

味。那麼，什麼運動才符合這個條件呢？

答案是：扯鈴。

兩位來自台灣的替代役男，教導當地孩子扯鈴，藉由充滿異國風味與新奇感的童玩，引起他們的好奇心；另外，舉辦扯鈴比賽，激勵他們勤加練習。之後，還會送跳繩給孩子們做為獎勵，也一樣可以累積點數換取獎品。

這個做法的靈感，來自蒙古。

「二〇〇八年，新光醫院曾到蒙古共和國首都烏蘭巴托進行醫療服務，當時隨行的輔大體育系學生，曾教導當地孩子扯鈴遊戲；僅僅一星期時間，就有不錯的學習效果！」邱浩彰回憶，「為了更有效推動計畫，我們想到，可以融合一些吸引當地人的活動，因此才把扯鈴放進校園計畫當中。」

其實，這個做法有點像是暑假作業，結合家長的力量，讓孩子持續吃得營養，並且維持運動的習慣。

不過，校園計畫是長遠而深入的計畫，它的終極目標在於改變觀念。「看到孩子們在知識與觀念的改變，這才是更重要的！」廖淑芬對此堅信不疑。

疾病，有時是一種文化的累積

從小改變知識與觀念有多重要？在老一輩帛琉人的想法中，某些疾病代表特定意涵，往往會讓他們不願意別人知道自己的病痛，也就無法正視自身健康的關鍵問題。

根深蒂固的觀念，很可能影響帛琉人疾病治療的時機。

新光醫院護理長莊麗敏為協助帛琉國家醫院成立營養衛教室，在二〇

一四年時，曾經前往當地勘查，希望先了解實際狀況與當地文化，以便找出最適合他們的照顧與指導方式，因此發現這個事實。

最顯著的例子，就是當地看待糖尿病的態度——有些帛琉人把它視為有損男性雄風的病症。

因此，新光醫院原本想在帛琉國家醫院成立「糖尿病衛教室」，但思考之後發現，不能直接掛上這樣的招牌，而要將之轉化為「營養衛教室」，才不會讓當地人先入為主而有排斥感。

疾病的產生，有時是一本民族誌，唯有真正深入文化，才能直觸問題的核心。

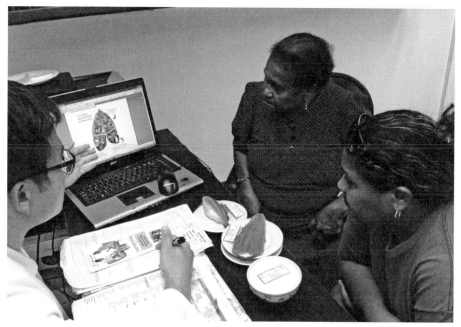

新光醫院在帛琉的醫療服務，除了看診之外，還包括向帛琉民眾推廣並解說營養衛教知識。

與時間作戰

這些概念，早已成為一種根深蒂固的民族性，即使對病患再三耳提面命，也沒有太大作用。外來的協助，往往到達某個程度，就會陷入瓶頸。

要真正解決問題，基礎教育還是最釜底抽薪的辦法，從小建立正確的觀念與習慣，才可能自根本去影響、改變帛琉人的健康、飲食以及生活型態。

目前看來，這似乎是最具體可行的做法；只不過，這也是最曠日費時的做法，不可能立竿見影。搶救帛琉人的健康，便是一場與時間賽跑的挑戰。

政　府　觀　點

健康，值得傳承的美好

時任帛琉副總統安東尼奧·貝爾斯回憶這些年來的變遷，

感嘆新一代帛琉人已經全然與土地脫節，

面對新光醫院的校園計畫，

他有著對帛琉下一個世代人民健康的殷殷期盼。

這幾十年來，帛琉的生活型態，經歷了很大的改變。

「以前，我們要在田裡辛苦工作，像我小時候家裡就務農；但現在因為務農無法有很好的生活，人們紛紛轉到其他產業謀生，改由菲律賓與中國工人來從事農地等勞動，因此帛琉人的運動量變得很少，」讓人感覺格外親切的時任帛琉副總統安東尼奧·貝爾斯（Antonio Bells），回憶帛琉這些年來的變遷。

　　民以食為天,而帛琉人每天所吃的食物,也隨時光荏苒而不同。

　　傳統上,帛琉人吃很多魚,另外還有沼澤溼地種的芋頭、番薯、樹薯等根莖類植物;但是現在,帛琉人大量改吃米飯,因為米飯保存不難,不易變壞,也很容易烹煮、吃飽。

　　相較之下,芋頭要花好幾個月耕種,烹調準備時還要清洗、削皮、切塊、蒸煮,比較費工,煮完也只能保存一天。

種種現實的不便，讓帛琉人的飲食逐漸改變。

「我們吃愈來愈多麵包、牛肉，或是像 SPAM 這樣的午餐肉罐頭，讓我們變得愈來愈胖。因此，台灣人試圖幫助帛琉人再次找回均衡飲食習慣，真的是很值得關注的課題，」貝爾斯有感而發地說。

從歷史中走來

身在其中，貝爾斯回憶帛琉人飲食習慣的改變，感慨良多。

「仔細探討原因，與帛琉曾經歷美國託管離不開關係；美國人帶來經濟上的援助，也帶來更多的肉食選擇，以及碳酸飲料、啤酒等西方飲食。於是，

時任帛琉副總統貝爾斯對於新光醫院的印象深刻，認為從整體的接待、醫療品質到醫院的環境，水準都非常高。

在逐漸發展的過程中，我們放棄了傳統的飲食。

「僅僅三十年間，帛琉人的飲食經歷了大幅改變。我現在已經六十七歲了，但我還記得，小時候，也就是大概六十年前，我們大多只吃魚類跟芋頭，稻米因為進口不多，還不是很普遍。

「一直到我念完高中，甚至到二十多歲時，我們還是吃家裡栽種的食物，因為每家每戶都有自己的田地，我放學後也要下田幫忙耕作或下海捕魚。

「童年的記憶，沉澱在心中。在歲月經年之後，回憶起來，便是一份曾經的美好。

「不過，我年輕時有點懶惰，因為天氣很熱，我比較喜歡到海邊捕魚，沒那麼喜歡下田。但我還是喜歡這些勞動，因為這是我們生活的一部分。

「可是，接下來的三十年，人們捨棄傳統飲食，大量仰賴米飯與外來食物。一直到最近兩、三年，才開始意識到，這個現象可能不太健康，但新一代的帛琉人，已經全然與土地脫節，無法再回到以前自給自足的耕作生活！」貝爾斯心中，有樂觀開朗的一面，也有曠日經年的世故與感觸。

台灣印象

貝爾斯與台灣的淵源頗深。他曾經擔任國會議員，在那段期間到過新光醫院進行健康檢查，當時就留下深刻印象；二〇一四年十月，他再度前往新光醫院進行膝關節置換手術，對於所有醫師、護理師的友善與專業，再次刮目相看。

「在轉診到台灣前,我也曾經到菲律賓就診;老實說,我對新光醫院的印象比較好,從整體的接待、醫療品質,到醫院的環境,水準都非常高。我的左膝蓋在手術後很快就恢復;沒有動手術的右膝,在醫師的保守性治療下,也可以正常活動。甚至,還意外讓我減肥了,因為我只吃水果,我超級愛台灣的芒果,蓮霧也非常好吃!」貝爾斯大笑著說。

想起台灣的食物,水果之外,他還喜歡海鮮,以及台灣的北京烤鴨。

「我一個人就可以吃掉一隻,不過醫師要我不要吃那麼多,」貝爾斯如數家珍,笑得開懷,還不忘幽默地補上一句,「如果你跟我一樣來自帛琉,就可能會對帛琉以外的所有醫院,都感到印象深刻!」

給未來一份期待

貝爾斯所說的,倒也不是全然的玩笑話。談笑之餘,他回歸正題,感嘆道:「台灣在整體醫學技術上的先進,實在是非常讓人印象難忘!」

更令他開心的,兩地的醫療合作,還要更上層樓。

「聽到新光醫院與帛琉攜手的轉診,不但愈來愈順利,而且新光醫院還要在帛琉的小學展開公共衛生教育,改變孩子的飲食習慣與生活習慣,我覺得這是件很好的事!」

貝爾斯開心地說:「聽到我的孫子對我說,他們開始在學校園子裡種植蔬菜等作物,我很高興,也很期待看到,新光醫院正在學校裡進行的計畫,能夠有所成果。」

「我覺得這樣的計畫很重要,因為現在的帛琉小孩,不太聽父母的建

議，但是會聽從老師的教導。而從孩子這端，又可能回過頭來影響父母的選擇，甚至帶動整個家庭的改變，因為帛琉父母很寵孩子，會看孩子喜歡什麼，就投其所好。

「如果孩子想吃新鮮的蔬菜、水果，父母一定會為孩子準備這些食物，全家的飲食習慣就可能因此改變！」忍不住跳出來分享自己觀點的貝爾斯祕書，是一位年輕高䠷的時髦小姐，曾經到美國求學，說得一口毫無口音的美式英語，自己也曾經陪同轉診到新光醫院的母親，來到台灣。

貝爾斯有兩個孫女，其中一個才三歲，卻已經有點胖了。超過一甲子的人生歷練，見過滄桑變化，更能理解如何從細微中看見未來。因此，「我可以預見，從小養成均衡飲食，絕對非常重要！」在他親切、熱忱的談吐中，展露出對於孫女的關愛，更有著對帛琉下一個世代人民健康的殷殷期盼。

結 語 一

帶領台灣打進國際社會

放眼未來，

國際醫療中心將是醫院經營的新型態之一。

而新光醫院永續經營的嘗試，

將為明日的台灣醫療找到新出路。

　　談到台灣應該積極藉醫療實力打開國際困境，曾經擔任衛生署長的新光醫院院長侯勝茂，感觸特別多。

　　每逢國際間出現棘手的傳染疾病，各國總是藉 DNA 檢測來發現病毒的序列，加速疫苗與療法的研發。因此病毒序列的資訊，非常重要。

　　侯勝茂在擔任衛生署長期間，卻經歷過這樣令人不平的事件：台灣向世界衛生組織洽詢傳染疾病序列的資訊分享，但因為台灣非 WHO 會員國，常

新光醫院與帛琉國家醫院的友好合作,是台灣藉由醫療服務打入國際社會的最佳例證。

常遭到其他會員國的排斥,因此在防疫上推展得十分辛苦。

國際醫療新模式

「我每次都得拿 SARS 的案例,來和美國等其他國家的衛生防疫單位說明,才能讓他們了解與台灣分享病毒序列的重要。因為台灣的醫療有一定水

準，可以成為其他國家的防疫前哨站，有了台灣協助把關，才能減少病毒擴散到其他國家的機會，」侯勝茂回憶當時的努力。

聽了這個道理，其他國家疾病管制局（CDC）才願意以「學術」交流名義，將資訊與台灣分享。

這種在國際社會上被孤立的困境，很容易讓台灣的防疫遭逢漏洞。幸好，醫療的問題不能靠外交協助，外交的困境卻可以藉著醫療來突破。

發展國際醫療協助，形成互助網絡，便是突破的模式之一。

國際經驗豐富的侯勝茂認為，今日台灣願意對其他國家伸出援手，明日他們就可能投桃報李。例如：我們的邦交國帛琉，它是世界衛生組織的會員，

新光醫院院長侯勝茂（左六）、醫療副院長楊國卿（左五）一致認為，台灣絕對有本錢前進國際醫療業務，無論服務或品質都不會輸給美國等先進國家。

可以得到防疫的病毒資訊，如果他們願意，就可以協同台灣一起對抗傳染病的威脅。

台灣和帛琉的國際醫療合作，新光醫院已經打造出罕見的成功模式。

先解決醫護人力不足問題

首先，找出需求，為跨國醫療協助定調。

帛琉最大的問題不在於傳染病的猖獗，而是非傳染疾病，也就是慢性病的盛行。因為帛琉的國民大多過於肥胖，導致新陳代謝功能出現問題，就連帛琉的衛生部長也表示，肥胖已經成為國家安全最大隱憂。因此新光醫院不只協助他們「治療」疾病，也要協助他們「防止」疾病。

侯勝茂分析，最先需要解決的，是帛琉醫護人員長期不足的問題。這個現象，使得急病、重症患者只能轉送菲律賓等其他國家，因此新光醫院決定將帛琉人民視同中華民國國民，提供他們更好的轉診服務。

為了達到這個目標，新光醫院對帛琉收取的規費比照健保。舉個例子來說，如果進行人工膝關節置換手術，台灣 DRG（Diagnosis Related Groups，診斷關聯群）健保支付制度規定十三萬，其他各國病人至少需要二十五萬，因為他們是自費病人，而帛琉人比照台灣人的支付金額，同樣為十三萬。兩相比較，帛琉非常願意將病患轉送新光醫院。

當作「好朋友」對待

接下來，新光醫院進一步優化服務。

最早，新光醫院只是單純提供醫療服務，現在則要更貼心、讓轉診病人更舒適，用服務業的細膩擄獲病人的心。

帛琉病人抵台時間，通常都是深夜，正是醫院裡人力最短缺的時段，接待的人難免感到焦慮。但侯勝茂總是鼓勵同仁換個角度思考，「如果我們把帛琉病人當成朋友，朋友有難，半夜來敲門，我們一樣會把門打開，誠心誠意協助。」

在行動上，為了表達對醫護人員的感激，每加收一位轉診病人，新光醫院就多發一份獎金給同仁。

除了建立貼心的態度，新光醫院也致力讓轉診流程更順暢。以往，病患從機場出關、搭計程車到醫院，抵達時都已半夜兩、三點；新光醫院現在派遣專人在機場迎接，並與專屬派車公司簽約，請他們直接接送。

一個小細節，不但讓帛琉病人無須擔心語言溝通、叫車的麻煩，而且簽約接送有優惠價格，還能減少病患的支出。

侯勝茂為優化服務做了貼切的比喻，「我們把轉診病患從當作台灣『國民』待遇，再升級一等，當作『好朋友』對待。」

醫護主動關懷

接下來的規劃，是幾乎等同「售後服務」的醫療關懷。

　　轉診病患辛苦奔波到台灣醫治，治療完畢，後續的追蹤也不能少。比方說，心血管疾病的病人雖然一時治癒了，但難保心臟、血管不會再阻塞，因為健康絕對不會是永遠不變的事。

　　帛琉遠在四小時航程外，想要回診並不容易。考慮帛琉轉診病人以心血管與關節問題為最大宗，因此新光醫院預計派遣心臟與骨科醫師，藉著年度醫療團等機會，到帛琉追蹤治療。

　　醫療團派遣已經行之有年，以往多是接受有需要的民眾求診，二〇一四年開始，這個任務將有所改變。新光醫院打算由駐帛琉協調人主動聯絡、維繫與病患的關係，讓曾經來台轉診的病人回到帛琉國家醫院，由新光醫師進

新光醫院致力於推廣國際醫療，台灣國際醫療衛生人員訓練中心頒發的「卓越服務貢獻獎」（右），以及國合會對參與帛琉計畫所頒發的感謝獎牌（左），是對他們多年努力的最大肯定。

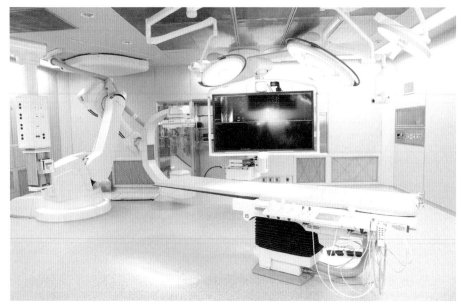

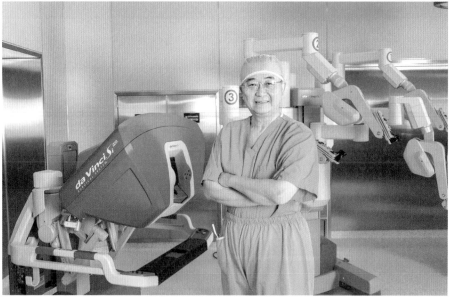

新光醫院引進最新型設備,例如:心臟血管外科複合式手術室(Hybrid Operating Room,上)、
達文西機器手臂微創手術系統(da Vinci Si Surgical System,下),若以費用和醫療水準評估,
無論品質或服務,院長侯勝茂認為台灣不會輸給美國等先進國家。

行回診。假以時日,這些轉診病人,甚至可以成立類似「新光之友」的「粉絲團」組織。

「病人不動,由醫師移動,」侯勝茂提出嶄新的醫療觀點。

同樣以人際關係比喻,侯勝茂說:「第三個階段,我們把帛琉轉診病患當作『貴賓』。如果你把對方當作貴賓,當然就會經常關心、噓寒問暖。」

這麼細膩的服務,當然讓帛琉人民十分感激。侯勝茂遇到的帛琉民眾常向他表示:「新光醫院不但在轉診服務上,有實質而持續的進步,還給人很多驚喜。」

擴大醫療合作版圖

侯勝茂一向認為,台灣絕對有本錢可以發展國際醫療業務,擔任新光醫院院長後,他更加肯定這個潛力。

「若以費用和醫療水準評估,無論品質或服務,台灣絕對不會輸給美國等先進國家,我們又快、又好,而且費用人人負擔得起,」他分析。

以往提到台灣醫療院所發展國際醫療業務,多半集中在醫美或觀光醫療,但是新光醫院與帛琉已經成功建立了國際轉診合作,現在又積極協助帛琉推行營養衛教,無疑為台灣國際醫療合作,找到新的可行性。

「如果繼續努力下去,未來,說不定也可以吸引關島,或其他如密克羅尼西亞島國前來求診,藉著台灣的醫療軟實力,把台灣人的友善與實力,帶到更多、更遠的國度,」侯勝茂如此期許。

成立國際醫療服務中心

因為帛琉轉診計畫的成功，新光醫院進一步建置了國際醫療服務中心。

按照規定，政府允許國內醫院在接待國外病患時，加收三成到七成的費用，「這對於醫院來說，是拓展國際醫療的一個誘因，」侯勝茂表示。

從醫院內部的角度來看，侯勝茂也認為，「成立國際醫療中心的時機，已經成熟。」

以往新光醫院的管理階層認為，院內同仁的外語不夠流利，但經過接待帛琉病患的經驗後，他們發現同仁的整體素質明顯提升，也不那麼害怕以陌生語言和病患溝通。因此，現在新光醫院有能力讓觸角更多元，服務更升級：增設多名個案管理師，聯繫並整合各項服務，能以英文、法文、日文溝通，提供完整入院手續包含適當的就診科別及專科醫師預約，還有門住診就醫、健康檢查，以及行程安排等相關事宜。

侯勝茂解釋，打破原本的分界，把不同科別的病患集中照顧，選擇通曉英、日等外語的醫師和護理師進行治療與照護，並設置病房經理，方便外籍病患前來治療。雖然收費比較高，但打造了十分便利的就醫環境。

參與國際醫療中心及同新病房規劃的董事長特別助理吳欣儒，補充說：「同新病房全樓層為採取飯店式管理及服務（設有房務管理員）的單人房，配合新光醫院特色醫療服務國內外的病患，提供優質貼心的住院服務（如藥師床邊諮詢）、配置全方位智慧病房（設置 Apple TV，讓來賓可以觀賞自己的影音、醫師可以解釋病情、透過病房專屬手機 APP 進行點餐、進行衛教、

點滴更換通知、人性化燈光控制像是調整亮度及色溫），設置規格參考國外
的國際病房。

個人化的細緻服務

吳欣儒最近到新加坡的醫院觀摩，得到不少啟發。她認為，醫院不是旅
館，但醫院的照護觀念，必須跟著時代改變。她舉了一個醫院服務與時俱進
的例子：「以前我們可能覺得醫院就是要休養的地方，不需要網際網路。但
在電子通訊的時代，怎能離開網路？因此，醫院已經紛紛提供無線上網。」

「每個人對於休息的定義不一樣，因此我們也必須思考，醫院對於自費

新光醫院董事長特別助理吳欣儒（右）認為，發展國際醫療將是台灣醫療產業的明日之星。

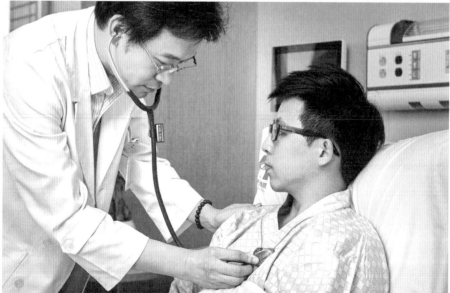

新光醫院在一連串的國際醫療合作中，慢慢實現「健康照護無國界」的願景。

病患的服務設施（Amenity）可以提供到什麼地步，」她進一步澄清，這不
是 VIP 和本國人的差異，而是提供自費加值服務。

明日醫療的新出路

放眼未來，在廣泛參酌世界各國醫療院所經營後，吳欣儒認為，國際醫
療服務為台灣醫療產業跨出去最重要的一步，國際醫療服務中心將是醫院經
營的新型態之一。

社會正在改變，老年人口增加，生育率下降，就連開刀與醫療方式，也
因為科技進步而更先進，其中不乏微創手術（Minimally invasive surgery），
病人幾天內就可以出院。單靠全民健康保險的給付，醫院面臨不小的壓力，
究竟如何才能永續經營？

這是許多醫院不得不思考的議題。而新光醫院的嘗試，或許將為台灣找
到出路。

新光醫院將眼光從台灣延伸到世界，與帛琉的醫療合作已經成功跨出第
一步，接下來，國際醫療服務中心的規劃營運，將成二十一世紀醫療服務的
重要角色。正如新光醫院創辦人吳火獅以醫療回饋社會的初衷，「醫院是永
久的事業，對人類的福祉也是永恆的」，新光醫院在一連串國際醫療合作的
思考中，正一步步實現「健康照護無國界」的願景。

結 語 二

肯定與榮耀，
台帛深厚友誼的最佳見證

帛琉政府不論是在世界衛生大會發言力挺台灣，
或是頒給新光醫院董事長吳東進榮譽公民的殊榮，
都證明了新光醫院對帛琉十二年來付出的友誼，
奠基深厚且永續長存。

二〇一九年十月十日，新光醫院董事長吳東進在帛琉國會議事廳，獲頒為帛琉榮譽公民。帛琉政府因為感謝新光醫院這麼多年來照顧帛琉人民健康，以及對帛琉公共衛生醫療的貢獻，經過國會通過決議，頒給了吳東進這一項殊榮。

自從帛琉共和國一九九四年獨立以來，獲得榮譽公民身份的只有十餘人，包括摩洛哥親王阿爾伯二世（Albert II）、美國前共和黨總統候選人馬

帛琉政府為感謝新光醫院多年來照顧帛琉人民健康,在帛琉國會議事廳頒給新光醫院董事長吳東進榮譽公民。

侃(John McCain)、日本前外務大臣河野太郎(Taro Kono)等,吳東進是台灣第一位獲獎者,也是台灣在帛琉國會議場演講的第一人。

帛琉最老的新生兒

帛琉政府十分重視這次的頒授儀式,當地的政治領袖、各國駐使,都應

邀出席，現場冠蓋雲集，包括新光醫院訪問團在內，人數多達百餘人。

「我深信，健康是基本人權之一，醫院是我所經營的事業中，最有意義的事情，」穿著藍色印花衫、掛著白色花圈的吳東進感性地說：「今天是我成為帛琉榮譽公民的第一天，站在這裡的我可以說是『The oldest Palauan newborn baby.』（帛琉最老的新生兒）。」

演講中，吳東進提到，當他得知從帛琉國家醫院，到最北端有人居住的島嶼，兩地相距八十五公里，搭船長達四小時，十分不便。因此，他決定捐贈一艘醫療船，船上配置了兩個日本製的強力引擎，可以將航行時間縮短在兩個半小時內，為緊急的病人爭取更多時間。

最後，他再次表達非常珍惜新光與帛琉長達十二年的情誼、以及能夠成為「帛琉大家庭一員」的榮耀，並以帛琉語收尾時，現場來賓都起立鼓掌。

「訪問團中的每位成員，都感到與有榮焉，」人在現場觀禮的新光醫院院長侯勝茂透露，整場演講有十次掌聲，最後一次掌聲更長達二十秒。

搶救奇蹟男孩

吳東進獲頒殊榮，代表新光醫院對帛琉所提供的醫療援助，經過十二年的扎根、深耕，如今已交出豐碩的成果，深受當地政府與民眾的肯定。

首先，新光醫院為醫療資源匱乏的帛琉提供緊急醫療轉診，該國人口大約兩萬人，至今已有三千多名患者受惠。這兩年來最知名的患者，莫過於帛琉游泳小將、「奇蹟男孩」諾艾（Noel E. Keane）。

諾艾是帛琉二十三項國家游泳紀錄保持人，曾獲帛琉總統雷蒙・傑索

（Tommy E. Remengesau）表揚為該國年度最佳男性運動員，被視為帛琉進軍二〇二〇東京奧運游泳項目的祕密武器。

二〇一七年十一月八日，十五歲的艾諾在公路上遭遇車禍，大腿嚴重受創，送醫後發現除了開放性骨折，還有傷口感染問題。帛琉當地的醫療人員只能進行初步清創及固定，對於進一步的手術治療則是無能為力。在帛琉總統辦公室協助下，立即以醫療包機轉診來台。

新光醫院骨科主任釋高上還記得，諾艾剛到院時，因為傷口嚴重感染，不但散發出惡臭，而且人已經是休克狀態，隨時都有生命危險，就算是撿回一條命，也可能截肢，運動生涯從此畫上句點。

六次手術，救回運動生涯

新光醫療團隊除了要挽救諾艾的性命，也要考慮他的運動生涯，因此採取最低傷害清創，並採微創股骨骨折手術、修補肌肉、植皮等，前後共經歷六次手術，並配合負壓抽吸術，增加傷口含氧量促進癒合，短短十天，傷口就完全癒合，諾艾甚至可以自己下床運動。

院方至今還留著諾艾住院時的一段影片，當時他已經能夠輕鬆做出跳躍的動作，很難想像，他的傷勢曾一度嚴重到可能得截肢。

二〇一七年十二月二十九日，新光醫院為諾艾舉辦了出院記者會，當天剛好也是諾艾父親的生日，他在現場除了感謝醫療團隊高超的醫術，還特別強調：「我永遠不會忘記，釋醫生對我們說的第一句話是『別擔心。』他們給了我希望。」

諾艾出院後，院方仍然相當關心他。二〇一九年十月，侯勝茂藉著到帛琉觀禮的機會，跟諾艾一家人見了面。時隔一年多，原本一臉稚嫩的諾艾，如今已經是個俊朗的小大人，經過復建，他不但重返泳池練習，而且繼續創造比賽紀錄，非常有機會代表帛琉角逐東京奧運的游泳項目。

捐贈設備，打造複合式手術室

「我們真心將帛琉視為夥伴，」侯勝茂強調，雙方的合作不只是將當地的病人送到新光醫院就診，新光醫院也會將醫療收入回饋給帛琉，因此從二〇一五年起，為了協助提升帛琉的手術室水準，便陸續捐贈帛琉亟需的醫療設備。

二〇一九年三月二十三日，正好配合總統蔡英文的「海洋民主之旅」，

在新光醫院團隊全力的搶救，經歷嚴重車禍的帛琉游泳小將諾艾（左六），成功撿回一條命，也保住運動員生涯的機會。（右圖）在台帛兩國總統的見證下，新光醫院捐贈複合式手術床、麻醉機、生理監視器等設備，提升帛琉民眾在地接受手術的便利。

參訪行程來到了帛琉，在兩國總統的見證下，新光醫院捐贈了複合式手術床、麻醉機、生理監視器、術後病人體溫管理系統、移動式吸引機、24小時心電圖儀，以及醫用手術頭燈等七項設備，希望藉由打造複合式手術室，提升帛琉民眾在地接受手術的便利性。

另外，捐贈醫療儀器當天，新光醫院也宣布，正式與帛琉健保合作特約預防保健院所，讓當地民眾可獲得補助，來台接受健康檢查服務，項目包括了無痛胃腸鏡檢查、血液生化檢測、骨質密度檢查、多科醫師會診等，「透過預防醫學健康篩檢，從根本照顧帛琉民眾的健康，以醫療軟實力穩固雙方的友誼，」新光醫院副院長洪子仁指出。

營養衛教計畫扎根八成小學

從緊急醫療轉診，到健康檢查服務，可說是醫療防線往前又推進一步。不過，由於帛琉的肥胖問題嚴重，導致心血管疾病、高血壓、糖尿病、腎臟病等疾病叢生，要防「病」於未然，還是得從改變當地人飲食習慣著手。

為了將營養衛教觀念扎根，新光醫院從二〇一五年三月起，就進入帛琉校園，啟動校園計畫，由新光醫院的營養師，搭配有醫療背景的替代役男，除了教導孩子正確的飲食觀念、培養對食用蔬果的興趣，還要改變營養午餐的內容，相當有挑戰性。

一手推動校園計畫的新光醫院院務顧問楊國卿直言，飲食習慣根深柢固，要改變並不容易，而且改變營養午餐的內容，會影響原本的作業方式，還得爭取廚師的認同，另外還有醫療替代役男人力經常不足的難題。不過，

克服了重重困難後，也有了令人欣慰的迴響。

「一開始只有一所學校，後來又有兩所學校加入，目前三所學校，已涵蓋了帛琉八成的小學生，最近又有第四所學校表示想要加入，」楊國卿透露。帛琉校園計畫需要長時間經營，無法立即見到效果，更突顯了新光醫院為帛琉守護健康的決心。

協助登革熱防疫

除了醫療，近年來，新光醫院和帛琉之間，在公共衛生上，也有不少重要合作，登革熱的防疫工作就是其中之一。

帛琉屬於太平洋島國，屢屢爆發登革熱疫情，新光醫院從二〇一六年起，便參與帛琉的登革熱防疫工作，除了捐贈靜脈輸注幫浦、醫療級防蚊液、登革熱檢驗試劑、防疫宣傳海報等物資，還籌組由醫師、護理師組成的專家行動醫療團，到帛琉國家醫院協助防疫，並透過遠距的線上教學，繼續與當地醫師共同對抗登革熱。

由於新光醫院長期對帛琉的醫療援助，為台帛兩國奠定深厚情誼，除了榮獲第二屆國際醫療典範獎，並在二〇一六年及二〇一八年獲得外交部頒予「外交之友貢獻獎」，寫下醫療外交的典範。

集眾人之力做好事

每年一度的「我們的海洋大會」（Our Ocean Conference），是倡議海

新光醫院長期對帛琉醫療援助，除了榮獲第二屆國際醫療典範獎，也在二〇一六年及二〇一八年獲得外交部頒予「外交之友貢獻獎」。

洋資源保育的重要國際會議，帛琉已爭取到二〇二〇年的主辦權，包括各國的政治領袖，將會有近兩千名代表出席會議，是帛琉重要的年度盛事。

洪子仁透露，由於與會的外賓人數龐大，以帛琉現有的醫療資源，預估將無法應付活動期間的醫療需求，因此已向新光醫院請求支援，屆時新光醫院也將派遣醫療團隊前往駐診，協助會議順利進行。

「我們就是集眾人之力，來做好事，」侯勝茂笑道，除了新光醫院全員投入，整個新光集團也將以不同的方式支持，像是二〇一八年新光摩天大樓登高大賽，便以「為海洋生物生存而跑」為主題，響應帛琉重視海洋資源保育的訴求。

另外，考慮到帛琉患者來台就診時，如果非住院治療（例如癌症患者做化療），還得另尋住宿地點，十分不便，因此新光人壽規劃在新建的大樓中，設置「帛琉之家（Palau house）」，提供給帛國患者住宿。

力挺台灣重返國際

二〇一九年五月，在世界衛生大會（WHA）上，帛琉衛生部長羅伯茲（Hon. Emais Roberts）發言時，感謝對帛琉提供幫助的國家，除了美國、日本等，最後提到了台灣。

「他們幫助帛琉達成永續發展目標，在過去十二年持續給帛琉協助。他們在彭博醫療效率指數名列全球第九，他們的健保排名第一，他們有兩千三百萬人。謝謝你，台灣，」羅伯茲指出，WHA 討論全民健康，若排除台灣，不讓台灣在 WHA 分享成功經驗，「被遺漏的不是台灣，而是 WHA 的我們，因為台灣可以幫助。（Taiwan can help！）」

羅伯茲的發言力挺，證明了新光醫院對帛琉十二年來義無反顧的付出，不但為台灣在國際外交上，爭取到更多的能見度，也為台帛之間的友誼，奠下了永續長存的基礎。（文／謝其濬）

跋 一

台帛醫療合作，開創外交新典範

中華民國前駐帛琉共和國大使館特命全權大使／**曾厚仁**

　　台灣與帛琉建立正式外交關係，是一九九九年底，差不多是在前總統李登輝卸任前，距今也才十六年時間。

　　不過認真追溯起來，台灣跟帛琉的關係，可以遠溯至三十年前即已開始，當時台灣農業技術團，就已經派遣專才，前來當時尚屬美國託管地的帛琉建立合作關係，因此等到帛琉獨立後選擇與台灣建交，看來可以說是水到渠成。

　　除了農業技術，台灣近年來也提供了水產、畜產等技術指導及交流。可是要說到台帛關係的更上層樓，新光醫院與帛琉國家醫院的醫療合作計畫，無疑是台帛交流的一個關鍵面向。

　　台灣醫療發展到現在，已成為一種珍貴的軟實力，藉由這種軟實力來推動外交工作，是中華民國政府最近這幾年的政策。恰好在帛琉，這種軟實力可以大大派上用場。因此你可以看到，雖然我們在南太平洋其他邦交國，也進行了不少國際醫療協助，但是相較起來，帛琉在此方面的績效最為顯著。

　　早在二○○七年，新光醫院就已經自費派遣醫師與護理師前來駐診，扎

根得非常早，這也是他們自動發起的善行，很讓人敬佩他們的遠見。

而新光醫院在二〇一一年針對帛琉展開的 SKMP 計畫也很重要，因為由外交部主導，向帛琉、諾魯、吐瓦魯、吉里巴斯提供醫療協助的「台灣醫療計畫」其實在二〇一二年才開始，因此新光醫院可謂開路先鋒，創造了一個切實可行的國際醫療合作模式，也更加深了帛琉與台灣之間的關係，可以說是神來一筆。

尤其新光醫院自從與帛琉簽訂醫療轉診備忘錄後，光是二〇一四年，帛琉至新光醫院轉診的病患就有兩百多人。這數字乍看之下也許不多，但帛琉全國只有兩萬多人，而其中又有五千多人是來自菲律賓等地的外來人口，真正的帛琉人據推估只有一萬六千人左右；因此從比例上看，已經相當可觀。

回首僅僅三、四年前，這些轉診病患都還需要至菲律賓接受醫療，現在他們都已改至台灣，連帛琉總統也到新光醫院進行健檢，雙方的關係要不緊密都很難。

二〇一四年十二月我結束駐愛爾蘭代表處的工作，回到台北準備帛琉赴

任簡報、並進行相關拜會時,第一個前往的單位就是新光醫院,我從他們積極的態度,可以看出新光醫院十分投入這個計畫,且願意永續經營。

我今年初到帛琉赴任後,很快就發現新光醫院在帛琉已成為台灣的招牌看板,幾乎可說是家喻戶曉,因為很多患者上飛機到台灣轉診前奄奄一息,回到帛琉時,卻重拾活力、回復健康,新光醫院妙手回春的消息不脛而走,一傳十、十傳百,廣為人知。

新光醫院的轉診計畫可以做得這麼好,除了他們自己的努力,還有一些天時地利的條件配合。像是帛琉政府因為推出國民健保基金制度,在財政上有餘裕能協助國民轉診。另外,華航開闢的直航航班,也功不可沒,因為其他南太平洋邦交國就沒有這樣的條件,可以提供這麼便捷的交通路線。

另外,新光醫院不但提供醫療服務,也更關切帛琉民眾健康。新光醫院的 SKMP 計畫與外交部的 TMP 計畫結合起來後,不再只是推動轉診跟駐診,更深入帛琉民間,從最根源的教育,改變帛琉孩子的飲食與生活習慣,從營養午餐與生活化的課程,從小培養正確的運動與均衡飲食概念。利用現有資

源，我們大使館目前積極推動改善學童營養午餐的計畫，受到帛琉高層的感激與肯定。

　　經過新光醫院這一系列令人矚目的國際合作計畫，我相信台灣與帛琉的醫療合作經驗，可以變成一個全球矚目的案例。我相信在現今這樣一個「醫療無國界」的世界，假以時日，連世界衛生組織都會注意到台帛之間這個案例的特殊性；而身為世界衛生組織會員國的帛琉，也可以替台灣在國際社會發聲，讓這個美好的雙邊交流，可以被全世界看見。

跋 二

守護健康，鞏固邦交

中華民國駐帛琉共和國大使館特命全權大使／周民淦

　　今（二〇一九）年的十二月二十九日我們就要慶祝中華民國（台灣）與帛琉共和國建交二十週年了，回顧這近二十年來的兩國關係，雖然我國政府提供帛琉許多的軟硬體建設援助，但說到最能觸動人心的故事，則非醫療援助莫屬，而其中最重要的主角，就是新光吳火獅紀念醫院了。

　　事關生與死的健康議題，永遠是每個人最關切的事，不管再怎麼有錢，沒有健康，一切免談；不管再怎麼有權勢，沒有健康，一切成空。一個有重症病患的家庭，常是愁雲慘霧，難見笑容，所以當我們照護好千百位帛琉病患的健康，也等於顧好了千百個家庭的幸福，顧好了他們的心，讓他們重見歡顏！

　　新光醫院吳董事長東進在今年的十月十日我國國慶日當天，應帛琉參、眾議院的聯合邀請赴國會演講，並接受帛琉國會頒贈「榮譽公民」（Honorary Citizen）的殊榮，他在演講中提到：「我深信，健康是基本人權之一，而醫院是我所經營的事業中，最有意義的事情。」這點讓我印象非常深刻。

　　吳董事長在當天成為帛琉新誕生的最老寶寶，他是台灣第一位在帛琉獲

此殊榮者，就是因為新光醫院在帛琉做了一件最有意義的事情，即守護帛琉人的健康。

新光醫院在帛琉創造許多醫療奇蹟及佳話，其中最家喻戶曉的故事，就是發生在二〇一七年帛琉游泳小將諾艾（Noel Keane）的車禍事件，當時這位年輕選手遭遇嚴重車禍造成大腿穿刺性骨折，經緊急轉送新光醫院，在侯院長勝茂帶領醫療團隊進行六次手術搶救後，不僅奇蹟似的免除截肢的命運，現在經歷復健後完全康復，企圖心強烈的他將目標放在參加明年東京奧運的游泳比賽，這是多麼動人的勵志故事啊！沒有新光醫院，諾艾可能只得殘障一生，他的運動生命絕對難以再發光發熱，更無法為帛琉爭光。

新光醫院自二〇〇七年開始在帛琉耕耘播種，十二年來每年派遣行動醫療團到帛琉駐診，合計派出約一百五十人次的醫護人員，至今已看診近六千人次，另有近三千人次帛琉病患經轉診制度飛赴台灣新光醫院治療，以在帛琉僅有一萬五、六千帛琉人而言（另有數千菲律賓及孟加拉的外勞不計），這個比例之高，令人驚嘆，而台帛之間藉由此種醫、病關係的緊密連結，使

得兩國人民之間的兄弟情誼堅若磐石，牢不可破。

　　新光醫院不僅在治療病患上盡心盡力，在防治罹患慢性疾病上，更是從根做起，配合我國駐帛技術團的蔬果培育計畫，在校園推廣健康營養午餐，迄今已擴及四所小學，超過一千位小學生受惠，這個計畫將能把健康飲食概念傳授給小學生，間接影響到其家庭，如此將能有效降低帛琉人民罹患非傳染性疾病（Non-communicable diseases, NCDs）的機率，促進人民的健康，也將減少龐大的醫療費用。

　　帛琉跨海的守護者，新光醫院實當之無愧！身為中華民國駐帛琉大使，我衷心感激新光醫院所有醫護人員對帛琉人民健康的付出，有新光，真好！有新光，邦交沒煩惱！

附 錄 一
新光醫院支援帛琉工作大事記

2007 年 7 月 1 日至 2011 年 5 月 31 日

新光醫院安排急診醫療科醫護人員常駐帛琉提供急症醫療服務。

2007 年 1 月

帛琉總統（Tommy E. Remengesau, Jr.）伉儷參訪新光醫院。

2007 年 7 月

新光醫院與帛琉國家醫院締結為姊妹醫院（帛琉共和國帛琉
國家醫院與中華民國（台灣）財團法人新光吳火獅紀念醫院
締結姊妹院協定；Establishment of Sisterhood Relationship
Between Belau National Hospital, Republic of Palau, and
Shin Kong Wu Ho-Su Memorial Hospital, Republic of China
(Taiwan))。

2007 年 8 月

帛琉國國會議長（Tommy E. Remengesau, Jr.）一行參訪新
光醫院。
帛琉副總統（Camsek Chin）一行參訪新光醫院。

2007 年 11 月

帛琉前總統（Kuniwo Nakamura）參訪新光醫院。

2008 年 5 月

新光醫院與帛琉醫院簽定病人轉診協議(Medical Referral
Program, Republic Of Palau/Shin Kong Wu Ho-Su Memorial
Hospital Services Agreement)。

2008 年 5 月

帛琉總統（Tommy E. Remengesau, Jr.）來新光醫院健檢。

2009 年 2 月

帛琉總統（ Johnson Toribiong）伉儷參訪新光醫院。

2011 年 8 月

新光醫院與帛琉簽定兩方合作，臺灣醫療計畫合作備忘錄
（Memorandum of Understanding between Shin Kong Wu
Ho-Su Memorial Hospital in the Republic of China and
Ministry of Health of the Republic of Palau of the Taiwan
Medical Program to Palau）。

2012 年 10 月

新光醫院以計畫向外交部申請補助專款，執行台灣醫療計畫。

2012 年 11 月

雙方成立「新光醫院駐帛琉醫療工作小組」(Shin Kong Hospital Medical Assistance Program
to Palau, SKMP 工作小組)，負責執行帛琉相關合作計畫。

2013 年 2 月

新光醫院安排公衛協調人員常駐帛琉執行合作計畫。

2013 年 5 月

新光醫院與帛琉醫療轉診合作正式開始，由帛琉將病人轉診至新光醫院就醫。

2013 年 10 月

帛琉總統（Tommy E. Remengesau, Jr.）一行參訪新光醫院。

2013 年 11 月

帛琉衛生部長（Gregorio Ngirmang）伉儷來新光醫院健檢。

2014 年 5 月

新光醫院於帛琉國家醫院設立營養衛教室啟用，執行帛琉國家人民健康教育與照顧。

2014 年 6 月

新光醫院承接衛生福利部「太平洋友邦及友我國家醫療合作計畫」，執行台灣醫療計畫。

2014 年 11 月

帛琉臨床醫療局局長（Debbie Ngemaes）代表衛生部部長訪台參加全球健康論壇（Global Health Forum）並蒞臨新光醫院參訪。

2015 年 1 月

新光醫院安排放射科及資訊部專人至帛琉，提供放射科改善評估及轉診雲架設。

2015 年 2 月

認養帛琉腦瘤小妹妹 Ms. Max 在台醫療費用及後續在帛追蹤。

2015 年 3 月

SKMP 小組執行長陳仲達代表參加 Pacific Island Health Officers Association（PIHOA）論壇，分享新光 - 帛琉合作成果 。

2015 年 3 月

衛福部派任兩名醫療替代役役男赴帛協助計畫執行。

2015 年 4 月

帛琉衛生部長（Gregorio Ngirmang）訪台視察轉診計畫成果。

2015 年 4 月

帛琉教育部長（Sinton Soalablai）參訪新光醫院並探討帛琉
校園計畫執行現況。

2015 年 8 月

帛琉國務部長（Billy Kuartei）來新光醫院健檢。

2015 年 9 月

新光醫院代表參加 Pacific Basin Medical Association（PBMA），分享新光 - 帛琉校園計畫
成果。

2015 年 10 月

帛琉衛生部長（Gregorio Ngirmang）代表衛生部部長訪台參加全球健康論壇（Global Health
Forum）並蒞臨本院參訪及來新光醫院健檢。

2015 年 11 月

新光醫院捐贈移動式心臟超音波、開刀房的電燒刀予帛琉
衛生部；十萬美金予帛琉政府。

2016 年 4 月 1 日

新光醫院獲頒外交部「外交之友貢獻獎」，由侯勝茂院長代表受獎。

2016 年 5 月 17 日

帛琉總統雷蒙傑索（H.E. Tommy E. Remengesau）率第一夫人黛比、國務部長等一行 13 位帛
琉貴賓來院參訪，探視帛琉住院病患。

2016 年 6 月 28 日

帛琉眾議院議長薩賓諾‧安薩賓（Sabino Anastacio）率文化參訪團一行 60 人抵台，來院表演帛琉傳統舞蹈。

2017 年 1 月 18 ～ 21 日

楊國卿副院長伉儷獲邀，代表本院參加 2017 年帛琉總統雷蒙傑索就職典禮。

2017 年 6 月 9 日

獲台灣國際衛生促進協會頒發「2017 台灣國際醫療典範獎」，由楊國卿副院長代表受獎。

2017 年 11 月 10 日～ 2018 年 1 月 3 日

帛琉轉診病患 15 歲男孩 Noel E. Keane 因車禍緊急搭乘醫療包機來台手術，並於 12 月 26 順利出院，國際醫療服務中心於 12 月 29 舉辦記者會，多家國內外媒體報導。考量病患年紀尚輕且包機費用及後續復健醫療費用龐大，本院特別優免單人病房價差。

2018 年 3 月 13 日

帛琉轉診醫療基金（Health Care Fund）一行 10 人蒞院參訪，由主席 Dr. Victor Yano、財政副長 Hon. Elbuchel Sadang 及歐克麗大使陪同，洽談台帛轉診合約更新，由侯勝茂院長、楊國卿院務顧問、洪子仁副院長接待。

2018 年 5 月 4 日

新光醫院再次獲頒外交部「外交之友貢獻獎」，由侯勝茂院長代表受獎。

2018 年 9 月 7 日

帛琉參議院訪團由議會領袖馬科萊（Hon. Kerai Mariur）領團 6 人蒞院拜訪，由高尚志副院長、陳仲達主任、朱光恩主任及張淑儀課長負責接待。

2018 年 11 月 12 日

帛琉總統湯米雷蒙傑索（H.E. Tommy E. Remengesau， Jr.）於帛琉國事訪問團期間，在我駐帛國大使周民淦、外交部禮賓司鄭榮俊處長的陪同下，親自逐一探訪帛琉轉診病人及其家屬，並參觀本院新成立的「周邊血管中心」及「高壓氧中心」。

2019 年 3 月 23 日

總統蔡英文訪帛琉，共同見證新光醫院捐贈複合式手術床、麻醉機、生理監視器、移動式吸引器等七項醫療器材。

2019 年 6 月 18 日

新光醫院董事長吳東進推動醫療外交，促台日友好貢獻卓著，獲頒「旭日中綬章」。

2019 年 8 月 28 日

新光醫院考察團訪問帛琉，同時捐贈胎兒監視器、婦科手術活檢鉗、擠奶器等產兒科相關用品。

2019 年 10 月 10 日

吳東進董事長獲得帛琉政府頒授為帛琉榮譽公民。

2019 年 10 月 11 日

捐贈帛琉離島用醫療交通船。

附 錄 二
新光醫院支援帛琉工作

帛琉轉診統計 (2013~2019.10.31)

總表

1. 門住診總人次 3,161（門診 2,083 人次；住院 1,078 人次）
2. 住院科別

排名	科別	人數
1	心臟內科	292
2	骨科	148
3	胃腸肝膽科	117
4	神經外科	112
5	泌尿科	94
6	一般外科	92
7	血液腫瘤科	74
8	胸腔內科	66
9	耳鼻喉科	51
10	眼科	49
11	婦產科	46
12	整形外科	23
13	神經內科	23
14	小兒科	20

帛琉醫護人員來院代訓科別及人數

受訓科別	受訓人數	受訓科別	受訓人數
護理	17	放射	4
醫療	11	檢驗	2
營養	6	感染控制	1
藥學	4	醫工	1
復健	2		

帛琉行動醫療團

2011 年至 2019 年服務科別及人次

年份	服務科別	服務人次	手術 / 特殊檢查	總服務人次
2011	眼科	127	─	988
	皮膚科	154		
	中醫科	707		
2012	皮膚科	68	─	214
	復健科（針灸）	147		
2013	骨科	74	4	193
	耳鼻喉科	119	8	
2014	心臟內科	122	─	260
	胸腔內科	71		
	腎臟科	67		
2015	皮膚科	145	2	266
	心臟內科	121	─	
2016	胸腔內科	76	肺功能檢測	296
	胃腸肝膽科	63	腸鏡 3 台、胃鏡 15 台	
	皮膚科	129	手術 1 台、電燒 12 台	
2017	皮膚科	224	電燒 14 台、皮膚切片 4 位	510
	胃腸肝膽科	73	腹部超音波 44 台、腸胃鏡 24 台	
	腎臟科	55	腎臟超音波 23 位、洗腎室 24 位	
2018	皮膚科	253	電燒 12 台、手術 1 台	706
	心臟內科	226	心臟超音波 114 台	
	胃腸肝膽科	130	腹部超音波 58 台、腸鏡 9 台、胃鏡 15 台	
2019	皮膚科	167	電燒 4 台、冷凍療法 6 位	445
	胸腔科	87	肺功能檢測	
	心臟內科	166	心臟超音波 127 台	

新光醫院赴帛琉短期駐診主治醫師支援統計

年度	人力來源	派駐時間	派駐人數	總計派駐時間	診療人次	手術數
2014	骨科	2 週	4	8 週	270	12
	心臟內科	2 週	1	2 週	65	0
	胃腸肝膽科	2 週	1	2 週	33	0
	急診醫學科	4 週	1	4 週	162	0
2015	骨科	4 週	4	8 週	323	7
2016	骨科	8 週	3	8 週	283	5
2017	小兒科	2 週	3	6 週	259	0
	感染科	2 週	1	2 週	23	0
2018	骨科	2 週	3	6 週	284	13
	家庭醫學科	3 週	2	6 週	175	0
2019	骨科	14 週	9	3.5 個月	駐診中	
	腎臟科	1 週	1	1 週	駐診中	
	胃腸肝膽科	2 週	1	2 週	39	20
	家庭醫學科	2 週	1	2 週	駐診中	
				短期駐診總計診療人次	2,407　人次	

附 錄 三

新光醫院帛琉國際醫療團隊

姓名		現職	科別	專長
侯勝茂 Sheng-Mou, Hou		院長 Superintendent	骨科 Orthopedic	骨科醫療、手科、關節重建外科、衛生行政、醫院管理
楊國卿 Kuo-Ching Yang		院務顧問 Hospital Consultant	胃腸肝膽科 Gastroenterology	各類內科疾病,尤其專精於消化系統如胃腸、肝膽及胰臟疾病之診斷與治療
葉建宏 Jiann-Horng Yeh		教育副院長 Deputy Superintendent of Education & Research	神經科 Neurology	雙重影像(複視)、醫學教育、臨床神經學、肢體無力、神經肌病學
高尚志 Shang-Jyh Kao		醫療副院長 Deputy Superintendent Of Medical Affairs	胸腔內科 Chest Medicine	間質性肺病、胸腔疾病、肺癌、肺炎、氣喘、慢性阻塞性肺病
劉秀雯 Shiow-Wen Liou		客座教授 Professor	眼科 Ophthalmology	青光眼、眼科雷射、眼整型、斜弱視、小切口雷射及超音波白內障手術

姓名		現職	科別	專長
陳仲達 Jong Dar Chen		科主任 Dept. Chief of Family Medicine	家庭醫學科 Family Medicine	家庭醫學、流行病學、預防醫學、職業醫學
唐豪悅 Kelly Tang		主治醫師 Attending Physician	皮膚科 Dermatology	皮膚醫學美容、微整型及肉毒桿菌素注射、化妝品科學、青春痘、接觸性皮膚炎、一般皮膚病
釋高上 Kao- Shang Shih		科主任 Dept. Chief of Orthopedic	骨科 Orthopedic	微創人工關節置換重建、手足外科、骨質疏鬆症、退化性關節炎、運動傷害、關節鏡手術、脊椎相關病症、各種骨折創傷微創手術
陳政光 Cheng- Kuang Chen		主治醫師 Attending Physician	骨科 Orthopedic	一般骨科震波治療、軟組織再生醫療、微創脊椎手術、創傷骨折手術、人工關節置換
朱光恩 Kuang En Chu		主治醫師 Attending Physician	胃腸肝膽科 Gastroenterology	內科學、消化系醫學、上消化道內視鏡檢查及相關治療手術、全大腸鏡檢查及相關治療手術
許榮輝 Jung-Hui Hsu		主治醫師 Attending Physician	胃腸肝膽科 Gastroenterology	內科學、消化系醫學、消化系超音波及相關治療手術、內視鏡超音波、上消化道內視鏡檢查、全大腸鏡檢查、肝纖維化掃描

姓名		現職	科別	專長
穆淑琪 Shu-Chi Mu		主治醫師 Attending Physician	小兒科 Pediatrics	一般兒科疾病、新生兒急救加護、早產兒常見疾病、兒童急重症、異位性皮膚炎疾病、母乳哺育諮詢、新生兒黃疸
林繼昌 Chi- Chang Lin		主治醫師 Attending Physician	骨科 Orthopedic	骨關節生長、代謝或疾病外傷、治療複雜性外傷造成的骨關節問題—骨折變形、感染、難癒合及功能不全等
洪立維 Li-Wei Hung		主治醫師 Attending Physician	骨科 Orthopedic	肩關節疾患、肩關節鏡微創手術、人工膝關節手術、人工髖關節手術、運動傷害、關節鏡微創手術、創傷骨科、骨質疏鬆症防治
徐維謙 Wei- Chien Hsu		主治醫師 Attending Physician	胃腸肝膽科 Gastroenterology	消化系醫學、消化系超音波、內視鏡超音波、上消化道內視鏡檢查、全大腸鏡檢查及相關治療手術
黃建賢 Chien- Hsien Huang		主任 Dept. Chief of Infectious Diseases	感染科 Infectious Disease	醫院感染管制、臨床感染症、臨床微生物學、肺炎、結核病、皮膚感染、發燒、泌尿道感染、感冒、愛滋病、急性腸胃炎
朱宮瑤 Gong- Yau Chu		主治醫師 Attending Physician	皮膚科 Dermatology	黴菌感染、醫學美容、酒糟性皮膚炎、落髮、細菌感染、皮膚鏡檢查、皮膚腫瘤、皮膚手術及處置、異位性皮膚炎、免疫性皮膚疾患、乾癬、一般皮膚疾病

姓名		現職	科別	專長
孫灼基 Cho-Chi Sun		主任 Dept. Chief of Gastroenterology	胃腸肝膽科 Gastroenterology	內科學、消化系醫學、消化系超音波、內視鏡超音波、上消化道內視鏡檢查、小腸鏡內視鏡檢查、全大腸鏡檢查、逆行性內視鏡膽胰管檢查等
陳隆景 Lung- Ching Chen		主治醫師 Attending Physician	心臟內科 Cardiology	高血壓、冠狀動脈疾病、心導管氣球擴張及支架手術、心悸、心律不整、心臟衰竭、高血脂
蘇家霈 Chia-Pi Su		主治醫師 Attending Physician	家庭醫學科 Family Medicine	成人預防保健、各類體檢暨諮詢、一般疾病診療
簡佑軒 Yu- Hsuan Chien		主治醫師 Attending Physician	小兒科 Pediatrics	一般兒科疾病、新生兒及早產兒照護、新生兒急救加護、一般兒童胸腔科疾病、小兒胸腔暨重症照護、兒童急重症、小兒心臟疾病、兒童與青少年高血壓、新生兒黃疸
呂彥鋒 Yan- Fong Lu		主治醫師 Attending Physician	婦產科 OBS-GYN	腹腔鏡微創手術、生殖道病毒疣、子宮鏡手術、子宮內膜異位症、婦產科腫瘤手術、一般婦產科

Shin Kong International HealthCare Center
Address：B1F., No. 95, Wen Chang Road, Shih Lin District, Taipei City
Telephone：+886-2-28332211 ext 2790

附 錄 四

帛琉共和國總統湯米・雷蒙傑索二世
接待新光代表團談話原文節錄

Exerpts from the speech delivered by H.E. Tommy E.Remengesau, Jr., to honor the visit of the delegation of Shin Kong Wu Ho-Su Memorial Hospital to the Republic of Palau

2015 年 11 月 27 日於帛琉總統府
(November 27th, 2015, Presidential House, Palau)

The effort and donations of Shin Kong Wu Ho-Su Memorial Hospital are very much appreciated. Not only will the medical equipment help tremendously in advancing the services of Belau National Hospital, the financial support will go a long way to promote the welfare of the entire Palauan Community. This is the first contribution by the private sector to Palau, and the significance is immense.

Palau has been one of the initiators in the Micronesia Challenge. The Micronesia Challenge is a regional inter-governmental initiative in the western Pacific region that would facilitate more effective conservation of marine and forest resources in Micronesia. On 5 November 2005, I called on my peers to join me in this challenge, which would conserve 30 percent of near shore coastal waters and 20 percent of forest land by 2020. Joining Palau in this initiative were the Federated States of Micronesia, the Marshall Islands, the U.S. territories of Guam and the Northern Mariana Islands. These nations and territories represent nearly 5 percent of the marine area of the Pacific Ocean and 7 percent of its coastlines R.O.C (Taiwan) government donated 1 million USD towards this act and since then has been a very important partner for Palau.

The National Marine Sanctuary Law passed on Oct. 22, 2015 will establish one of the world's largest protected areas of ocean within Palau's waters. The law creating the sanctuary designates 80 percent of the nation's maritime territory as a fully protected marine reserve in which no extractive activities, such as fishing or mining, can take place. At 500,000 square kilometers (193,000 square miles), the sanctuary becomes the sixth-largest fully protected marine area in the world. We feel that it is an important activity for the government of Palau to protect our "mother goose" of the nature, and the donation from Shin Kong Wu Ho-Su

Memorial Hospital is not only timely and will undoubtedly provide a strong support for us.

R.O.C (Taiwan) has been Palau's partner in many areas, with the most important areas being strong inter-governmental relationships, excellent medical services, and ecotourism. Amongst the many relationships we have with R.O.C (Taiwan), Shin Kong Wu Ho-Su Memorial Hospital is the best decision we have made in finding an excellent partner to provide medical services for our people. Hundreds of Palauan is sent to Shin Kong Wu Ho-Su Memorial Hospital each year to receive timely, professional medical treatment, completed with the highest quality. The partnership between Palau and Shin Kong Wu Ho-Su Memorial Hospital has received great appreciation nationwide. We wish to continue such close collaboration, whilst constantly striving to improve and strengthen our partnership in all aspects.

The Year 2016 will be Palau's "Year of Youth". Under such an initiative, we wish to establish an in-depth collaboration with Shin Kong Wu Ho-Su Memorial Hospital to improve the wellbeing of the youth of our nation. With the portable ultrasound machine and other medical equipment, we will be able to provide early screening of heart diseases in our younger generations, and will also allow us to improve the general health of our entire nation. In the future, we also wish that Shin Kong Wu Ho-Su Memorial Hospital will continue to not only provide us with excellent medical services and equipment, but also to facilitate our ministry of health in providing human capacity training in the medical field. Lastly, it will also be very beneficial to all of the Chinese-speaking tourists if we can have more doctors from Shin Kong Wu Ho-Su Memorial Hospital to provide medical services at the Belau National Hospital.

In short, I appreciate all the effort and support by Shin Kong Wu Ho-Su Memorial Hospital and I look forward to strengthening the partnership and sisterhood between Belau National Hospital and Shin Kong Wu Ho-Su Memorial Hospital.

附 錄 五

新光醫院院長侯勝茂於帛琉公開演講原文

Excerpts from a speech in public delivered by professor Sheng-Mou Hou, Superintendent of
Shin Kong Wu Ho-Su Memorial Hospital during a formal visit to the Republic of Palau

2015 年 11 月 27 日於帛琉年度模範公務員表揚大會
(November 27th, 2015)

Dear Mr. President, distinguished guests, ladies and gentlemen, Alii (Hello in Palauan)!

I am Dr. Sheng-Mou Hou, the Superintendent of Shin Kong Wu Ho-Su Memorial Hospital.
The purpose of my visiting this time is to donate two machines: The first one is a color, light
weight, portable cardiac ultrasound, which can be used to check the heart. The reason of the
donation is that we found out the majority of referral cases we have received from Palau is
the patients who have heart problems. Therefore, we would like to strengthen the therapeutic
effect of cardiac surgery. The second one is an electro-surgical generator, which can
accelerate the effectiveness of surgery.

In addition, Mr. T.C. Wu, the chairman of Shin Kong Wu Ho-Su Memorial Hospital, has
heard and admire the Palau National Marine Sanctuary which just been signed into law by Mr.
President H.E Tommy E. Remengesau, Jr. Eugene Wu decided to donate one hundred thousand
US dollars particularly to support and response into two aspects, half of it will directly sponsor
the Palau National Marine Sanctuary; and the other will be supporting in the deepening the
cooperative medical program between Republic of Palau and Shin Kong Wu Ho-Su Memorial
Hospital. As I reported to Mr. President, Shin Kong Wu Ho-Su Memorial Hospital will cherish every
opportunity to provide the best medical services to the people of Palau, thank you very much,
thank you!

附 錄 六

「醫療拓新域，外交創新局」序文英譯版

New Medical Domain, New Diplomatic Prospects

中華民國前外交部部長／**程建人**

Palau was once a paradise where the indigenous peoples and the local tribes from offshore islands inhabited. Since the eighteenth century, Palau had undergone the colonial domination by Spain, Germany and Japan and had been a trust territory administered by the United States. It did not become fully independent until October 1994. The history and geography have long confined Palau to a less-privleged status in the international community. Hence, the development in certain fields has lagged behind the world trends, including medical facilities.

The Republic of China's relationship with Palau began quite early. Our fishing vessels sailed to the adjacent waters around Palau in earlier times and Some Chinese migrants also settled down in Palau. In 1984, soon after signing the "Agreement of Technical Cooperation between the Government of the Republic of China and the Government of the Republic of Palau", Taiwan Technical Mission was sent to Palau to help the country develop its agriculture, fishery, husbandry and aquaculture. Around the time of Palau's independence, the contacts between Republic of China and Palau were getting more frequent and the number of tourists from Taiwan to Palau increased steadily. Meanwhile, Taiwan investments in Palau also kept rising. In early December 1999, Republic of China and Palau singed an air service agreement. In late December, as the Minister of Foreign Affairs of the Republic of China, I visited Palau and conducted the final round of negotiation with the President of Palau, Mr. Kuniwo Nakamura, and we reached the agreement to establish formal diplomatic ties between our two countries. On December 29, a joint communiqúe on the establishment of diplomatic relations was sighed. Thus, Palau became the nearest country among all our diplomatic allies in terms of geography. The cooperative relationship between R.O.C and Palau also moved forward into a new era.

In March 2000, I visited Palau again with a delegation of more than sixty peopie from different fields. Some renowned people from the medical circle such as Chang Chin-Wen, President of Taiwan College of Healthcare Executives, were among the delegation members. During the visit, we exchanged views with the medical and educational authorities of Palau on what Republic of China could provide and assist. And we visited Belau National Hospital and special educational institutions there. The Palau administration considered that Republic of China had very high level of medical care and expected that Republic of China could assist in the areas of medical facilities and medical staff training. Palau agreed to sign a memorandum with Republic of China in order to promote a variety of exchange projects. This marked the beginning of the efforts of cooperation in medical care between Republic of China and Palau.

Over the years, the ROC foreign assistance programs have always had medical aid as one of its important items. But in earlier period, it was the government itself that made arrangements by dispatching medical care items; offering financial aids, medical equipment and appliances; providing medical staff training; or helping build hospitals. With the passing of time, the ways and means of our medical aid have been adapting and improving so that we could deal with new circumstances and changing needs.

In recent years, our government has expanded the involvement of the private sector and made good use of various resources. By working with major hospitals and NGOs, our government has made further progress in cooperating with our diplomatic allies and other friendly countries in medical care and health. Shin Kong Wu Ho-Su Memorial Hospital has been one of the important leading hospitals taking part in the cooperation project. Shin Kong Group, led by Chairman, Mr. Eugene T.C. Wu, has made numerous contributions over several decades by supporting and assisting the government in developing relations with other countries throughinvestments, donations, medical care services, etc. Medical cooperation with Palau is no exception.

In 2007, Shin Kong started to send doctors and nurses to station in Palau through the arrangements made by the ROC Ambassador Matthew S. Lee. In the following year, Shin Kong signed a memorandum and concluded a sister relationship with Belau National Hospital. In 2014, Shin Kong took a further step to establish an international medical referral service system with Palau. Moreover, Shin Kong went beyond general medical services and started caring about the long-term health of the people in Palau by helping improve the food and nutrition for the local people there. In other words, Shin Kong has not only made direct contributions to the people in Palau in terms of medical care but also attentively made health plans for Palauans' future. Palau is not a big country but innovative practices including ideas, attitudes, planning and execution have been created while having cooperation in medical care between Shin Kong Hospital and Palau. It is really touching and admirable to see the passion, love, professionalism and devotion demonstrated by the people at all levels in Shin Kong Hospital vis-a-via Palau. Now, Commonwealth Publishing Group has organized these precious experiences into a book ready for print. This book makes detailed records of the meaningful story and, indeed, can serves as a very useful reference for various readers. At the same time, it could also inspire and encourage us to adopt more practical and effective means and more think from a longer and wider perspective while dealing with international affairs. Based on the above, it's my pleasure to be invited to write this piece of foreword.

附 錄 七

新光醫院董事長吳東進獲頒
帛琉榮譽公民演講原文

Acceptance speech by Honorary Citizenship Award recipient, T.C. Wu, Chairman of
Shin Kong Wu Ho-Su Memorial Hospital

2019 年 10 月 10 日於帛琉國會
(October 10th, 2019, Congress, Palau)

Today, I am truly honored to stand here, to speak in front of the Palau National Congress, and receive the Honorary Citizenship of The Republic of Palau.

This is an unforgettable moment in my life, and I thank you all for this very precious opportunity.

My beloved father, Mr. Wu Ho-Su, said:"Building a modern hospital is the most direct and effective way to give back to our society." I followed his vision and built the Shin Kong Wu Ho-Su Memorial Hospital. With the dedicated effort of our staff, Shin Kong has become one of the most renowned medical centers in Taiwan. From 1992 to now, for 26 years, Shin Kong provided care for more than 30 million outpatients. By the end of last year, we celebrated the birth of the 77 thousand, 7 hundred, and 77th baby, which accounted for more than 1% of the national birth rate. Among many enterprises that I head, the Hospital is surely my most meaningful achievement.

Like Taiwan, Palau is a beautiful island in the Pacific Ocean. It is also the closest country with diplomatic relations to the Republic of China, Taiwan, only a 3-and-half-hour flight away. In the year 2007, in support of Taiwan's medical diplomacy, Shin Kong and the Palau National Hospital became sister hospitals. Since then, a wonderful friendship between a hospital and a country began. In the past 12 years, Shin Kong sent medical missions every year to Palau and provided manpower and resources when and where needed. Up to now, a total of 150 experts have taken care of approximately 6,000 patients, while nearly 3,000 have been transferred to Shin Kong to receive medical treatment.

Medical care has no boundaries. Shin Kong Hospital has built a bridge of friendship between Taiwan and Palau. As you know, this year is the United Nations' Year of the Universal Coverage of Health: HEALTH FOR ALL. Like one family together, we faithfully follow the core philosophy of W.H.O.:"Better Health for everyone, everywhere." And we believe,"Health is one of the fundamental Human rights."

In 2017, Noel Keane, a young swimmer of the Palau National Team suffered from a severe car injury. He was in such critical condition that the amputation of a leg was considered necessary. However, through the effort of a medical team led by our Superintendent, Professor Hou, after 6 challenging surgeries, this amazing team miraculously saved Noel's leg and helped him to full recovery. Noel was able to compete again. For sure, he will be able to attend the Tokyo Olympic Games.

We are so proud of him.

Recently, I learned that the distance from the Palau National Hospital to the upper north island, Kayangel, is around 85 kilometers, but it would take 4 hours to reach by boat. This critical time could mean life or death for a patient. For this reason, I decided to donate a medical service vessel, with dual 300-horsepower Yamaha engines to shorten the time to under 2 and half hours. The vessel will also be equipped with a drone capable of delivering medicine by air. Hopefully, Shin Kong's care for the people of Palau can be further extended.

2020 is the year for another important international event: Our Ocean 2020 in Palau. The Conference promotes the protection of the ocean and marine life. Palau has always been at the forefront of this endeavor.

Committed to this cause, Shin Kong hosted the "Run-up for the Sea Life Race" last year. This event was meant to enhance our environmental awareness, such as reducing plastic use and using ecological straws made with Taiwanese bamboo. It was well-received by the public.

Yes, we lead by example through Corporate Social Responsibility. In line with Shin Kong's motto of:"Wherever light can reach, our heart is with you." We will continue to devote our efforts to building a better environment, lighting up the hearts, and hopes for our future generations.

Today is my first day as a Palauan citizen, so here is the oldest Palauan newborn baby. Shin Kong will expand its love to the Palauan maternity and neonatal sectors. In addition to sending specialists, a most advanced ultrasound machine, Philips CX50, was sent here one week ago to take care of the babies even before delivery. Let's work together for the health and happiness of our children and the future of our country.

In conclusion, may I once again thank you for having me in your family. I treasure this honor very much. I invite all of you to work hand-in-hand to further strengthen this brotherhood between Palau and Shin Kong.

Pristine Pa-ra-dise Palau.

Kom Kmal Mesulang.

謝謝！

Healthy communities with people living long, happy, purposeful lives
—— Eat health, live a healthy life. 資料提供／帛琉衛生部

Non-communicable diseases (NCDs) are the leading causes of premature death and disability in Palau. That is, heart disease, stroke, diabetes, kidney disease, respiratory disease, and cancer account for over 75% of deaths. NCDs are now imposing a growing burden on our health systems and budget. Eighty percent (80%) of all off-island medical referral are NCD related, costing us over $1,200,000 annually. This is a 45% increase from the 2010 Medical Referral Program budget of $540,000. This is not sustainable! All of us must take ownership of our health, and work to reserve this unsustainable trend.

Gregorio Ngirmang
Former Minister of Health

more info

• Nutrition

For more information about nutrition, contact the Non- communicable Disease Unit at the Bureau of Public Health at 488-4612. For information about home gardening and farming, contact the Bureau of Agriculture at 622-5804.

• Food handling and safety

For more information about food safety and food handling certification, contact the Division of Environmental Health at 488-6073.

• Physical activity

For more information about physical activity, contact the Non- communicable Disease Unit at the Bureau of Public Health at 488-4612 or for local sports and exercise programs, contact the Palau National Olympic Committe at 488-4491. Tobacco, Alcohol and other substance use For more information about quitting alcohol and tobacco use, contact the Behavioral Health Division at 488-1907.

For more information regarding services at Belau National Hospital, contact the MOH administration at 488-2552/2553.

純淨的天堂———帛琉 資料提供／帛琉旅遊局

認識帛琉的歷史故事

　　帛琉的早期歷史仍然籠罩著神秘的面
紗。人們為何、如何或何時來到這個美麗的
島嶼，這仍是未知，但研究顯示，今天的帛
琉人是印尼的馬來人、新幾內亞的美拉尼西
亞人和波利尼西亞人之遠房親戚。對於他們
來此定居的日期，對洛克群島已知的最古老
村落遺址文物，以及巴比島（大島）文明地
的壯觀梯田之碳年份測定結果顯示，其年代
可追溯到西元前一千年。

　　第一次有記錄的外國接觸發生在
一七八三年，當時，在英國隊長亨利・威爾
遜的指揮下，砲船「羚羊號」（Antelope）撞上烏龍島（Ulong，科羅和貝里琉島之間的洛克群島）
附近的暗礁。在科羅的最高酋長伊貝杜爾（Ibedul）之協助下，威爾遜和他的手下在此停留了
三個月才修好他的船。自此之後，許多外國探險家開始前往帛琉，歐洲也開始進一步接觸這些
島嶼。

　　教皇利奧十三世於一八八五年宣稱了西班牙對加羅林（Carolines）群島的控制權，外國
勢力對該群島的治理自此正式開始。兩座教堂由兩位聖芳濟教會（Capuchin）牧師和兩兄弟設
立並維護，自此引入了羅馬字母，並消除了村與村之間的戰爭。一八九九年，西班牙將加羅林
（Carolines）出售給德國，因而建立了一個有組織的專案，可買賣島上的自然資源。

　　繼德國在第一次世界大戰戰敗之後，依據一九一九年凡爾賽條約，加羅林（Carolines）群
島被正式移交給日本。日本對帛琉文化的影響極大的，因為它將經濟和財產所有權從氏族轉向
個人。一九二二年，帛琉成為南太平洋的所有日本財產之管理中心。科羅鎮是一個時尚的大都
市，有工廠、商店、公共浴池、餐廳和藥店。

　　繼日本在二戰戰敗之後，加羅林（Carolines）、馬里亞納（Marianas）和馬紹爾（Marshall）
群島成為美國治理的聯合國託管領土，帛琉被評為六個島區之一。作為其使命的一部分，美
國將改善帛琉的基礎設施和教育體系，以使它成為一個自給自足的國家。這一目標最終於
一九九四年十月一日實現，此時，帛琉與美國簽署了自由組織條約，並自此獲得獨立。

母系氏族社會

帛琉村莊過去及現在均是傳統的母系氏族社會。男人和女人有嚴格的角色區分。酋長委員會管轄村莊，而同等級的婦女委員會則擔任顧問，以管理土地、資金和酋長挑選。

女人既負責照料家庭和家人，也負責教育子女學習帛琉的傳統和文化，以確保村莊或宗族得以延續。她們還種植芋頭田，從淺層珊瑚礁採集貝類。大海是男人的天地，他們冒著狂風暴雨捕魚，以維持生計。村與村之間的戰爭很常見，所以，男人還要花費很多時間在男人會館或男人議會堂，以掌握獨木舟建設技術，並完善自己的武器技能。

受到現代文化的影響，帛琉人也更加努力地保護他們的文化，尤其是年輕一代。定期舉辦文化活動，如每年的帛琉獨立紀念日活動和每月的帛琉夜市，包含帛琉的十六個州，通過舞蹈、聖歌、工藝品和特色菜肴等來展示自己的特色。

另一項重要的年度活動是帛琉婦女大會，在柯羅世襲女王（Bilung）的帶領下，整個帛琉的婦女討論加強帛琉文化需要進行的改善以及採取的措施。

Bai 的傳統文化

在古代，每條村子都建有 Bai（傳統男性聚會所），在帛琉的文化上有著非常重要的位置。在世紀之交之時，還有過百座 Bai 被保留下來。作為村內的聚會所，長老們按著輩份及職位，沿著 Bai 內牆壁的有不同座位。

在現代的帛琉，村莊裡每逢有聚會、新酋長就任、或是族人的喪禮時，Bai 仍然被使用。沿著山邊的草原，可以找到神秘的巨石，它們細說著帛琉的歷史。那是傳說中一座永遠未能完成的巨型 Bai 的基石。從古老石徑到傳說中的青年噴泉，重要的文化遺產在帛琉每個州都找得到。

美麗的原始自然

　　陸上的帛琉跟水底一樣精彩，百分之
七十五的面積被原始森林和紅樹林覆蓋。以
物種多樣性而言，這裡的森林在密克羅尼西
亞群島上首屈一指，有一千四百種種植物，
其中一百九十四種為特有物種，包括二十三
種帛琉獨有的蘭花。至少有四十六種爬蟲及
兩棲類動物，當中有十二種是特有物種。群
島上有紀錄的雀鳥達一百六十二種，包括
十二個獨有品種。非常稀有的鳥類有灰額雞鳩（omekrengukl）和帛琉繡眼鳥，牠們只在洛克群
島的某些位置出現。帛琉塚雉（bekai）現在是一個瀕臨滅絕的物種。

潛水聖地

　　對潛水員來說，在帛琉，他們可以看到比其他海島更多的蝠魟和沉船；令人驚嘆的四百種
形成珊瑚礁的硬珊瑚，和一百五十種軟珊瑚、柳珊瑚和海筆；帛琉亦擁有至少一千四百五十種
類的珊瑚魚。一共有六十個潛點，亦有激烈的二次大戰遺留下來的六十隻沉船和飛機。

在帛琉一定要體驗的事

・ 在水母湖與無毒水母一同漂浮， 從柯羅坐船不久即可到達。這些物種像熔岩燈一樣， 與它
　們一起漂浮比做水療按摩更能讓您放鬆。
・ 在太平洋海豚灣與海豚嬉戲或游泳，從柯羅坐船不久即可到達。這是一個非營利組織，是全
　球最大的海豚教育和研究機構。
・ 在 Ngermeskang 鳥類保護區漫步。這裡有一百六十二種已被記載的鳥類，其中十二種是帛琉
　特有的鳥類。Ngermeskang 鳥類保護區是帛琉保護區域網路的一部分，專為觀鳥和健行而設。
・ 水晶海域泛舟會讓您發現白色的沙灘和海鳥。紅樹林泛舟會讓您體驗一次精神之旅，帶您穿
　過原始紅樹林，發現帛琉古代文物。

- 乘坐小型飛機或直升機在聯合國教科文組織世界遺產保護地——洛克群島南方潟湖體驗空中之旅。乘坐直升機也會發現儒艮，而且，這也是欣賞這種帛琉特有生物的最佳途徑。
- 開車遊覽文化景點和歷史景點，如巴比島（大島）的古代石像群（Badrulchau），或乘坐高空滑索到達帛琉最大的瀑布。請查看路線圖和國家機關名單。此外，叢林河遊船也可讓您近距離觀看鱷魚。
- 帛琉垂釣——捕捉馬林魚、刺鮁、金槍魚和其他魚！還可以參加當地每年舉辦的釣魚比賽。
- 在貝理琉島、安佳島和巴比島（大島）欣賞二戰遺址。由於受法律保護，日本和美國的戰爭遺跡自一九四四年以來仍保持不變。貝裏琉島也有一個戰爭博物館，您可在此看到從島上收集的許多小器物。
- 參觀帛琉國家博物館、艾佩松博物館或帛琉水族館，它們均位於柯羅，交通便利。
- 可穿著傳統的帛琉服飾在洛克群島海灘、乘坐巡航船、在涼亭、在森林裏甚至在水下舉行婚禮！這裡也可以根據你的願望為你準備一切婚禮事宜，讓你喜結良緣。

帛琉語與英語對照表

Palauan	English	Pronounciation
Alii	Hello	ah-LEE
Ungil Tutau	Good morning	oong-EEL-too-TAW
Ungil Chodechosong	Good Afternoon	oong-EEL OTH-o-song
Ungil Kebesengei	Good evening	oong-EEL -kebbasung Ay
Dorael	Let's go	do-RILE
Ke ua ngerang ?	How are you ?	ka-wannga RANGH
Sulang	Thanks	soo-LAHNG
Ak morolung	I am leaving(Good bye)	ahk-more-oh-long
Ngtecha ngklem ?	What is your name ?	ngte-AHNG-KELMM
A ngklek a __	My name is __	Ahng-KLEKK-a __
Ngtela a cheral ?	What is the price ?	ngtela-ah-RHAL
Choi O'Oi	Yes	OH-OY
Ng diak	No	Inh-dee-AHK
Mei	Come !	MAY
Bo momengur	Have something to eat !	Bo- mo- mung-OOR
Merkong !	Stop, that's enough !	Murr-GONG

更詳盡資訊，請瀏覽 www.visit-palau.com

PALAU VISITORS AUTHORITY
電話：（680）488-1930 / 2793
傳真：（680）488-1453
電郵：pva@visit-palau.com
www.visit-palau.com / TW: @pp_palau / FB: Paradise Palau

健康生活 BGH191

跨海的守護者：
新光醫院扎根帛琉醫療的故事
【全新增訂版】

國家圖書館出版品預行編目(CIP)資料

跨海的守護者：新光醫院扎根帛琉醫療的
故事 / 李俊明著. -- 第二版. -- 臺北市 : 遠見
天下文化, 2019.12
　　面；　公分. -- (健康生活；BGH191)
ISBN 978-986-479-906-0(平裝)

1.醫療服務 2.醫療社會工作 3.帛琉

548.21　　108021161

作者 — 李俊明
責任編輯 — 李婌婷、詹于瑤
美術設計 — 優秀視覺設計有限公司、蔡榮仁
撰文 — 湯傑郎：〈光無所不在，心與你同在〉、〈一家醫院與一個國家的兄弟情誼〉
　　　　唐豪悅：〈病人在哪裡，醫師就在哪裡〉
攝影 — 吳東峻（特約）：P.3、4、15、18、23、48、51、52、57、58、59、62、65、66-68、
　　　　77（上）、84、87、91、102-104、111、112、120-122、136、156、164、166、
　　　　167、174、182-184、188（上）、192、196、197、200（下）、208、210、213、
　　　　218、219、220、224、225（右下）、236
　　　　林衍億（特約）：P.72、73、74、88、114（下）、180
　　　　令　狐　方　正：P.2（上）、14、19、37、38、41、44、45、69、81、85、95、97、
　　　　98、101、105、106、113、114（上）、118、123、137、226.229、233、234、
　　　　255（下）、275
　　　　謝霖芬：P.2（下）、24-25、26、36、42、46、147、157、159
　　　　趙永發：P.27、28（上）、30、70、124
圖片提供 — 新光醫院：P.20、28（下）、31、32、35、47、77（下）、82、117、127、129、
　　　　130、133、138、140、143、144、148、151、155、160、165、169、172、
　　　　175、178、185、188（下）、194、198、200（上）、203、206、209、212、
　　　　214、216、225（左、右上）、230、237、240、243、252-254、255（上）、
　　　　256-257、261-264、276-278
　　　　老爺酒店集團：P.16、134-135
　　　　曾厚仁：P.96
　　　　iStock Photo：P.1
　　　　Shutter Stock：P.22

出版者 — 遠見天下文化出版股份有限公司
創辦人 — 高希均、王力行
遠見‧天下文化‧事業群 董事長 — 高希均
事業群發行人／CEO — 王力行
出版事業部副社長／總經理 — 林天來
國際事務開發部兼版權中心總監 — 潘欣
法律顧問 — 理律法律事務所陳長文律師
著作權顧問 — 魏啟翔律師
地址 — 台北市 104 松江路 93 巷 1 號 2 樓

讀者服務專線 — 02-2662-0012
傳真 — 02-2662-0007, 02-2662-0009
電子郵件信箱 — cwpc@cwgv.com.tw
直接郵撥帳號 — 1326703-6 號　遠見天下文化出版股份有限公司

排版 — 優秀視覺設計有限公司
製版廠 — 東豪印刷事業有限公司
印刷廠 — 立龍藝術印刷股份有限公司
裝訂廠 — 聿成裝訂股份有限公司
登記證 — 局版台業字第 2517 號
總經銷 — 大和書報圖書股份有限公司 電話／(02)8990-2588
出版日期 — 2016 年 1 月 5 日第一版
　　　　　2019 年 12 月 26 日第二版第一次印行

定價 — NT$ 480
ISBN — 978-986-479-906-0
書號 — BGH191
天下文化官網 — bookzone.cwgv.com.tw

天下·文化
BELIEVE IN READING